कॉलेज के सफर की दास्तां

काजल जैन

मेरी माँ बहुत ख़ूबसूरत है

मेरी माँ बहुत ख़ूबसूरत है,
इतनी ख़ूबसूरत है,
कि हमें देखते ही ज़माना समझ जाता
कि मेरी माँ कितनी ख़ूबसूरत है।

एक बात मुझे आज भी याद है –
मैं अपने किसी दोस्त की Birthday Party में गई थी।

वहाँ एक प्यारी-सी माँ ने
मुझे देखकर मुस्कुराते हुए कहा था –

"जब बच्चे इतने अच्छे हैं,
तो माँ कितनी अच्छी होगी"

वो एक छोटी-सी तारीफ़ नहीं थी,
मेरी माँ की परवरिश का
सबसे ख़ूबसूरत सम्मान था।

और यक़ीन मानिए,
वो मेरी ज़िंदगी का
सबसे ख़ूबसूरत लम्हा था,

जब किसी ने मेरी माँ की ख़ूबसूरती
मुझमें देख ली थी।

**"Not only today,
every beautiful day of my life
is dedicated to my beautiful mother."**

इस किताब के बारे में

कई लोग कॉलेज की यादें साथ लेकर निकल जाते हैं। मैंने सोचा, क्यों न उन यादों को उसी वक्त शब्दों में कैद कर लिया जाए?

अजीब है ना?

आमतौर पर किताबें उन कहानियों के बारे में लिखी जाती हैं जो बीत चुकी होती हैं। लेकिन यह किताब एक ऐसी कहानी है, जो अभी भी चल रही है।

मैंने इसे यादों के सहारे नहीं लिखा, मैंने इसे यादें बनते हुए लिखा है।

जब भी कोई खूबसूरत लम्हा मिला, मैंने उसे शब्दों में सजा दिया। जब कोई बात दिल को छू गई, तो उसे इन पन्नों में कैद कर लिया।

शायद कुछ साल बाद मैं भी इन दिनों को याद करूँगी और मुस्कुराऊँगी। लेकिन तब मेरे पास सिर्फ यादें नहीं होंगी, मेरे पास यह किताब होगी।

इन पन्नों में आपको कोई परफेक्ट कहानी नहीं मिलेगी। आपको मिलेंगे कुछ अधूरे किस्से, कुछ नासमझ फैसले,

कुछ बड़ी उम्मीदें, कुछ अनगिनत सपने, और एक ऐसी लड़की, जो अपने कॉलेज के दिनों को गुजरते हुए देख रही थी और उन्हें खोने से पहले शब्दों में बचा लेना चाहती थी।

अगर कभी आपको लगे कि ज़िंदगी बहुत तेज़ भाग रही है, तो इस किताब का कोई भी पन्ना खोल लेना। हो सकता है, आपको अपने ही कॉलेज का कोई दिन यहाँ मुस्कुराता हुआ मिल जाए।

यह किताब अतीत की कहानी नहीं है। यह उन दिनों की दास्तान है, जो बीत तो रहे थे, मगर मैं उन्हें खोना नहीं चाहती थी।

— काजल जैन

अनुक्रम

दो प्रेमी को टूटते देखा

दो प्रेमी को टूटते देखा,
तो कॉलेज के वो दिन याद आ गए।

फिर क्या,
आज फिर मुझे तड़पकर रोना पड़ा,
आज फिर दिल टूटने के दर्द से गुज़रना पड़ा।।

बेइंतहा मोहब्बत है

क्यों ये दिल
उन हज़ारों पर फ़िदा नहीं,
जिन्हें मुझसे बेइंतहा मोहब्बत है।।

उन हज़ारों की भीड़ में वो एक शख़्स था

एक ऐसी लड़की,
जिस पर हर महफ़िल में
हज़ारों लोग फ़िदा रहते हैं।

कभी उसकी मुस्कुराहट पर,
तो कभी उसकी अदाओं पर।

पर उन हज़ारों की भीड़ में,
वो एक शख़्स था,
जिस पर वो फ़िदा हुई।

उसे पहली नज़र में ही
उनसे बेइंतहा मोहब्बत हो गई।

और उन्हें तो कभी
एहसास तक नहीं हुआ
उसकी मोहब्बत का।

कभी महसूस ही नहीं किया उसे।

शायद उन्हें इसी बात का गुरूर था –
"कि उसने उनसे मोहब्बत की"

मेरा ये भरम टूट गया

तुम मुझसे मोहब्बत करते हो,
मेरा ये भरम टूट गया।

आज फिर मुझे तड़पकर रोना पड़ा,
आज फिर मेरा एक ख़्वाब टूट गया।

रोज़ वही चेहरा

उस लड़की को
हर रोज़ उसी दर्द से गुज़रना होता है।

कभी जिस शख़्स से उसे मोहब्बत थी,
आज उसी से दर्द होता है।

रोज़ वही चेहरा,
वही जगह,
हर दिन एक सज़ा-सा बनकर रह गया है।

जब वो सामने आता है,
तो सोचती हूँ उससे नफ़रत करने की।

मगर दिल
नफ़रत करने की इजाज़त नहीं देता,
और मोहब्बत करने की भी
इजाज़त नहीं देता।

सुकून कहीं नहीं मिलता।
लगता है, ज़िंदगी
एक तड़प-सी बनकर रह गई है।

सोचती हूँ,
बहुत दूर चली जाऊँ,
जहाँ कोई अपना ना हो।

पल भर के लिए,
सुकून तो मिलेगा।
सोचते थे,
मोहब्बत सुकून देती है।

लेकिन मोहब्बत तो
उससे उसकी ज़िंदगी का
सुकून ले गई।

उसका कसूर क्या था?

यही –
"कि उसने मोहब्बत की।"

तुम्हें सोचती हूँ

तुम्हें सोचती हूँ,
तो ज़माना देखती हूँ।

कितने चाहने वाले हैं मेरे,
मोहब्बत देखती हूँ।।

मुझे प्यार है बारिश से

आज फिर रोने का दिल कर रहा है,
आज फिर दिल बारिश को याद कर रहा है।

अगर बारिश हुई, तो बेतहाशा तड़प कर रोएँगे,
और जो किसी ने पूछ लिया –
"ये आँसू कैसे हैं?"

तो मुस्कुरा कर कह देंगे,
"ये तो बारिश की बूँदें हैं"
और अपने सारे ग़म,
इन बूंदों में छिपा लेंगे।

मुझे प्यार है बारिश से,
किताबों से, संगीत से,
मुझे लगता है ये हमें समझते हैं,
हमारे ग़मों को समझते हैं।

जब कभी हम अकेले होते हैं,
ये तन्हाई से हमें बचाते हैं।
ये बख़ूबी समझते हैं –
हम प्यार में हैं, दर्द में हैं,
या फिर किसी की याद में हैं।

फूल मुरझा चुके हैं

अब मुझे खुशबू नहीं आती,
तेरे आने से।

मेरे अंदर के सारे फूल
मुरझा चुके हैं तेरे जाने से।।

मैं आसमान छूने निकली थी

मैं आसमान छूने निकली थी,
और एक शख़्स पर आकर ठहर गयी।

मेरी सोच की उड़ान
अक्सर इस दुनिया की
सरहदों से आगे निकल जाती थी,
मगर दिल की एक ख़्वाहिश
मुझे ज़मीन से बाँधे रखती थी।

मैंने हमेशा ज़िन्दगी को
खुले आसमान की तरह देखा,
जहाँ हर दर्द के बाद
एक नई सुबह जन्म लेती है।

मैंने हर ठोकर में
एक सबक ढूँढा,
हर हार में
अपने हौसलों को और मज़बूत किया।

लेकिन...
इन ऊँचे ख़्वाबों और मज़बूत इरादों के बीच
दिल ने भी एक ख़्वाहिश रखी थी–

कि कोई ऐसा हो,
जो मेरी ख़ामोशियाँ पढ़ ले।

जो मेरी आँखों में छिपे दर्द को
बिना कहे समझ ले,
जो मेरे टूटे हुए लफ़्ज़ों को समेटकर
मुझे फिर से मुझसे मिला दे।

और फिर,
वो शख़्स मेरी ज़िन्दगी में आया।

उसकी बातों में सुकून था,
उसकी मौजूदगी में अपनापन,
जैसे बरसों से थकी हुई रूह को
पहली बार आराम मिला हो।

मुझे लगने लगा था
कि शायद वही मेरी दुनिया है,
वही मेरी मंज़िल,
वही मेरी अधूरी कहानी का आख़िरी हिस्सा।

मगर वक़्त ने
एक और सच सिखाया—

कुछ लोग
हमारी रूह में इतने गहरे उतर जाते हैं,
कि उनके जाने के बाद भी
हम पहले जैसे नहीं रहते।

और जब वो जाते हैं,
तो अपने साथ
हमारी मासूमियत का एक हिस्सा भी ले जाते हैं।

अब जब रात गहरी होती है,
और यादें चुपचाप
दिल का दरवाज़ा खटखटाती हैं,
तो मैं अक्सर आसमान को देखकर सोचती हूँ—

जिसे मैंने अपनी पूरी दुनिया समझा था,
वो शायद
मेरी कहानी का सिर्फ़ एक हिस्सा था,
पूरा किस्सा नहीं।

कुछ लोग
हमारी ज़िन्दगी में आकर
हमें हमसे मिलाने के लिए आते हैं।

वो बिछड़ जाते हैं,
मगर हमें पहले से ज़्यादा गहरा,
ज़्यादा मज़बूत,
और ज़्यादा ख़ूबसूरत बना जाते हैं।

मैं उसे याद करूँगी
जैसे कोई अधूरी दुआ
उम्रभर रूह में ज़िंदा रहती है।

तुम्हारे हिस्से

कविता लिखते वक़्त
ख़याल तुम्हारा भी आया।

घंटों सोचा,
मगर तुम्हारे हिस्से
कोई अल्फ़ाज़ ना आया।।

मुझे चाँद समझ बैठे

कुछ लोग मुझे चाँद समझ बैठे,
और चाँद ख़ुद को ही तन्हा समझ बैठा।

चाँद को पाने की तमन्ना
हर किसी की हुआ करती है।

चाँद को पाने की तमन्ना
किसी की मुकम्मल हो जाया करती है,
किसी की बरकरार रह जाया करती है।

महज़ चाँद को पाना आसान नहीं,
फिर भी चाँद को पाने की ख्वाहिश
हर कोई रखा करता है।

जिनकी चाँद को पाने की ख्वाहिश मुकम्मल हो गई
वो ख़ुद को शहंशाह समझ बैठे हैं।

और उन्हें क्या पता,
जो चाँद को पाकर
ख़ुद को शहंशाह समझ बैठे हैं,

चाँद उन्हें पाकर भी
ख़ुद को तन्हा समझ बैठा है।

गुरूर था उसे

गुरूर था उसे,
जो उसने चाहा, उसे वो सब मिला।

इक पल में चकनाचूर हो गया,
जब उसने तुझे चाहा, और तू ना मिला।

एक अधूरी कोशिश

इक उलझी हुई किताब को समझना
हर किसी के लिए नामुमकिन सा है,

और मैं,
शायद उसी किताब का
वो पन्ना हूँ,
जो हर बार पढ़ा तो गया,
मगर कभी समझा नहीं गया।

हर रोज़
अपने ही भीतर उतरती हूँ,
खुद को समझने के लिए,
खुद को महसूस करने के लिए,
ये जानने के लिए कि
आख़िर मैं इतनी उलझी हुई क्यों हूँ,

फिर लगता है,
जैसे जिंदगी ने
मेरे हर जवाब के आगे
एक नया प्रश्न
खड़ा कर दिया हो।

जितना खुद को सुलझाती हूँ,
उतना ही टूटती जाती हूँ,
जैसे मेरी जिंदगी के धागे
किसी ने दर्द से बुने हों।

फिर भी
ना जाने क्यों,

मैं फिर कोशिश करती हूँ—
इस उलझी हुई जिंदगी को
उस उलझी हुई किताब से जोड़ने की,

ताकि शायद किसी दिन
मैं खुद को पढ़ सकूँ,
खुद को महसूस कर सकूँ,
और समझ सकूँ
कि आखिर
मेरे अंदर इतना शोर क्यों है,

मगर हर बार की तरह
मेरी कोशिश,
बस एक अधूरी कोशिश
बनकर रह जाती है।

और हर बार
मेरे हाथों में
बस अधूरे एहसास
रह जाते हैं।

और फिर शुरू होती है–
एक नई उलझन,
एक नई तलाश,
एक नया अधूरापन,

कभी-कभी लगता है,
मैं इंसान नहीं,
एक भूलभुलैया हूँ,
जिसमें लोग
रास्ते ढूंढते-ढूंढते
खुद खो जाते हैं।

शायद कुछ लोग
इतने गहरे होते हैं कि
पूरी जिंदगी
खुद को समझने में
गुज़ार देते हैं,

मगर फिर भी
अपने ही अंदर
अधूरे रह जाते हैं॥

वक्त गुजर जाता है

वो लम्हे मुझे आज भी बेहद याद आते हैं,
जब याद आते हैं, बेहद तड़पाते हैं,
वक्त गुजर जाता है मगर एहसास नहीं जाते,
कुछ ज़ख्म मुस्कुराकर भी छुपाए नहीं जाते

इश्क़ नहीं है तुमसे

मैंने इश्क़ देखा है
आँखों में तुम्हारी,

उस इश्क़ को,
जो तुम हर बार
मुस्कुराकर छुपा लेते हो,
और अपने लफ़्ज़ों से
झुठला देते हो,

तुम्हारी आँखें
हर बार मुझसे बचना चाहती हैं,
मगर पता नहीं क्यों,
हर रास्ता घूमकर
फिर मेरी तरफ़ ही आ जाता है,

और तुम हर बार
यही कहते हो—
"इश्क़ नहीं है तुमसे"

मगर कोई यूँ ही
किसी की ख़ामोशियों में नहीं बसता,
कोई यूँ ही

किसी के सामने आते ही
अपनी धड़कनों का लहजा
नहीं बदलता,

शायद कुछ रिश्ते
अल्फ़ाज़ों से नहीं,
सिर्फ़ धड़कनों की बेचैनी से
समझ आ जाते हैं,

और जो इश्क़
लफ़्ज़ों में उतर नहीं पाता,
वो अक्सर
आँखों में सबसे ज़्यादा
दिखाई देता है।

मोहब्बत के गीत

मैं तुमसे मोहब्बत करती हूँ,
क्या तुम भी मुझसे मोहब्बत करते हो?

अगर मोहब्बत करते हो,
तो मेरे लिए
मोहब्बत के गीत क्यों नहीं लिखते?

मेरे पास बचा क्या?

वो एक शख्स था,
जो मुझे मेरे होने का एहसास दे गया,
और फिर एक पल में,
मुझसे मेरे सारे एहसास ले गया।

वो आया तो लगा,
जैसे मेरे भीतर की खाली जगहों पर
किसी ने धीरे से मोहब्बत लिख दी हो।

मगर वो गया तो ऐसे गया,
जैसे मुझसे मेरे सारे ख्वाब ले गया।
उस रोज़,
सिर्फ कदमों की आहट नहीं टूटी,
मेरे अंदर जीने की वजह भी टूट गई।

मेरे पास बचा क्या?
कुछ अधूरे सवाल,
कुछ भीगी हुई रातें,
और एक दिल,
जो अब धड़कता तो है,
मगर किसी अपने के लिए नहीं।

दुनिया कहती है –
"लोग चले जाते हैं"
पर कोई कैसे समझे,
कुछ लोग जाते नहीं,
एक पल में हमसे
हमारा वजूद ले जाते हैं।

वो एक शख्स था,
जिसे मैंने अपना समझा था,
और उसने मुझे ऐसा तन्हा किया,
कि अब भीड़ में खड़े होकर भी
मैं अपने ही साये से पूछती हूँ–
"क्या मैं सच में बची हूँ?"

क्योंकि वो सिर्फ मुझसे दूर नहीं गया,
वो मेरे भीतर से
मेरा यकीन,
मेरी मासूमियत,
और मोहब्बत पर रखा आखिरी भरोसा ले गया।

कभी-कभी रात के आखिरी पहर में,
जब पूरी दुनिया सो जाती है,
तब उसकी यादें
धीरे से मेरे पास आती हैं,

और मैं सोचती हूँ–
क्या सच में कुछ लोग
इतना गहरा असर छोड़ जाते हैं,

कि उनके जाने के बाद
हम कभी किसी पर यकीन नहीं कर पाते?

अब मेरे अंदर
बस एक खामोश समंदर है,
जो हर रोज़
उसकी यादों में डूबता है।

और सबसे ज़्यादा दर्द
इस बात का है कि—

जिसे मैंने अपनी दुनिया समझा,
उसके लिए मैं शायद
सिर्फ एक गुज़रता हुआ लम्हा थी॥

बीते लम्हे

बीते लम्हे
फिर याद आते हैं,

तुमसे दिल लगाया था,
तुम याद आते हो।

आँखों में डूबते समंदर

कभी-कभी लगता है
तुम्हारी यादें
यादें नहीं,
समंदर हैं।

ऐसे समंदर
जिनकी लहरें
रात के सन्नाटों में उठती हैं
और भीतर की पूरी दुनिया बहा ले जाती हैं।

मगर आज,
तुम्हारी यादों का वही समंदर
तूफ़ान लाया है।

और अब समझ नहीं आता
कि खुद को बचाएँ
या इन लहरों में
डूब जाएँ।

लोग पूछते हैं –
"क्या हुआ?
किस बात का ग़म है?"

और हम
मुस्कुरा देते हैं।
कह देते हैं –
“कुछ नहीं,
आंसुओ में दर्द हैं,

मतलब?
माफ़ कीजिए,
मेरा मतलब
आंखों में दर्द हैं,

मैंने सीख लिया है,
आँखों में डूबते समंदर को
पलकों के पीछे रोकना।

फिर मैंने भी
पूछ लिया –

“कभी मोहब्बत की है आपने?”

फिर वो
बिना कुछ कहे
नज़रें झुका लेते हैं
और चले जाते हैं ।

तब समझ आता है –
कुछ लोग

मोहब्बत से डरते हैं,

मगर हर बार
दिल में एक सवाल रह जाता हैं

जिसका जवाब
ना उनके पास था,
ना मेरे पास,

लोग मोहब्बत से
इतना डरते हैं,
तो फिर
मोहब्बत करते क्यों हैं?

मेरी तन्हाई

तेरी यादें दिल से जाती नहीं हैं क्यों,
तू इतना याद आता है क्यों,
जब तू अब मेरी ज़िंदगी में कहीं भी नहीं,
तो फिर मेरी तन्हाई में
सबसे ज़्यादा तू ही मिलता है क्यों।

मेरे सारे गुलाब मुरझा गये

मेरा एक दोस्त,
जिसने मुझे तोहफ़े में गुलाब दिये,
मैंने बिना कुछ कहे झटपट ले लिये।

वो जानता था,
मुझे तोहफ़े लेना अच्छा नहीं लगता।

उसने मेरी तरफ़ गौर से देखा और कहा –
तुम्हें गुलाब इतने पसंद हैं?

मैंने कहा –
हाँ, मुझे सिर्फ़ लाल गुलाब पसंद हैं।
उसने कहा –
मतलब तुम्हें इश्क़ है?

मैंने कहा –
हाँ, मुझे लाल गुलाब से इश्क़ है।
उसने कहा –
लाल गुलाब देने वाले से?

मैं ख़ामोश,
कुछ कह न पायी।

बस उस रोज़
मेरा इश्क़ मर गया,
और मेरे सारे गुलाब मुरझा गये।

मैंने दोस्ती को दम तोड़ते देखा

मुझे वो तोहफ़े में
चॉकलेट और गुलाब लाया।
मैंने लेने से इंकार कर दिया।

उसने मेरी तरफ़
उदासी भरी निगाहों से देखा,
और कहा –

"देखो,
ये वही तुम्हारी पसंदीदा
चॉकलेट और गुलाब हैं।"

मैंने कहा –

"हाँ,
मगर पसंद बदल भी तो सकती है।"

अब मुझे डेरी मिल्क नहीं,
डार्क चॉकलेट पसंद है।
अब मुझे लाल गुलाब नहीं,
काले गुलाब पसंद हैं।

उसने कहा –

"और मैं ?
मैं तो नहीं बदला ना?"

इससे पहले कि वो
मोहब्बत का इज़हार करता,
मैंने उसकी हर बात से
इंकार कर दिया।

मैंने उसके दिल को
टूटने से बचाना चाहा,
और ख़ुद को
इश्क़ के क़त्ल के इल्ज़ाम से।

मैं सोचती थी,
हर बार इश्क़ को
मरना पड़ता है क्यों?

लेकिन उस रोज़
मैंने दोस्ती को
दम तोड़ते देखा।

कॉलेज के सफर की दास्तां

कॉलेज का सफर आसान कहाँ होता है,
यहाँ हर चेहरा अंदर से थोड़ा परेशान होता है।
कोई सपनों के बोझ तले दबा होता है,
तो कोई किसी की यादों में खोया होता है।

यहाँ हर चेहरा मुस्कुराता जरूर है,
मगर हर मुस्कान के पीछे
एक अलग कहानी छुपी होती है।

कोई घर से दूर होकर
अपनों को याद करके रोता है,
तो कोई भीड़ में रहकर भी
अंदर से बिल्कुल अकेला होता है।

कॉलेज में चेहरे तो हजारों मिलते हैं,
मगर कुछ लोग
भीड़ में भी अलग दिखाई देने लगते हैं।

उनसे बात हो या ना हो,
मगर उनका होना
धीरे-धीरे दिल को सुकून देने लगता है।

फिर एक वक्त ऐसा आता है,
जब बिना कुछ कहे ही
उनकी मौजूदगी
जिंदगी का सबसे खूबसूरत एहसास बन जाती है।

यही वो वक़्त होता है
जब दिल पहली बार
किसी के एहसासों में खोने लगता है।

जब किसी की एक मुस्कान
पूरे दिन की खुशी बन जाती है,
और एक छोटी सी बेरुख़ी
दिल के अंदर तूफान ला देती है।

कभी कैंटीन की छोटी सी टेबल
पूरी दुनिया लगने लगती है,
तो कभी लाइब्रेरी की खामोशी में भी
किसी की आवाज़ सुनाई देती है।

और जहाँ घंटों बैठकर
बस एक चेहरे को देखा जाता था।
कुछ लोग
अपना दिल वहीं छोड़ आते हैं।

किसी को पहली बार
किसी की फ़िक्र होने लगती है,
और वो किसी की हँसी में
अपनी दुनिया ढूँढने लगता है।

ये सब धीरे-धीरे
जिंदगी का सबसे खूबसूरत हिस्सा बन जाता है।

किसी के हिस्से में
सुकून भरी शामें आती हैं,
तो किसी के हिस्से में
सिर्फ इंतजार रह जाता है।

मगर वक्त,
वक्त कभी एक जैसा नहीं रहता।

फिर एक दिन कॉलेज खत्म हो जाता है,
क्लासरूम खाली हो जाते हैं,
बेंच पर लिखे नाम मिट जाते हैं,
और "हमेशा साथ रहेंगे" कहने वाले लोग
धीरे-धीरे दूर हो जाते हैं।

मगर कुछ चीजें कभी खत्म नहीं होतीं—
कुछ अधूरी बातें,
कुछ अनकहे जज़्बात,
कुछ टूटे हुए ख्वाब,
और कुछ लोगों की यादें,

जो जिंदगी भर
दिल के किसी कोने में ज़िंदा रहती हैं।

कॉलेज खत्म होने के बाद

याद आते हैं वो लोग,
जिनके साथ बैठकर
जिंदगी पहली बार खूबसूरत लगी थी।

दिल अपना एक हिस्सा
वहीं कहीं छोड़ आता है,
और हजारों लोगों के बीच रहकर भी
सिर्फ एक शख्स को ढूँढता रहता है।

और शायद इसी लिए,
कॉलेज खत्म हो जाता है,
मगर कॉलेज वाले दोस्त,
और कॉलेज वाली यादें,
कभी खत्म नहीं होतीं।

कुछ ऐसी ही है
"कॉलेज के सफर की दास्तां" –
जहाँ लोग अपना एक हिस्सा
वहीं छोड़ आते हैं।

मैं मुश्किलों की आदी हूँ

पता नहीं,
मैं मुश्किलों की आदी हूँ,
या इस कदर मज़बूत हूँ,
कि ज़िंदगी की मुश्किल से मुश्किल
घड़ी में भी मुस्कुरा सकती हूँ।।

दिल भी कितना बेवफ़ा होता है

अगर मोहब्बत
पर हमारा वश होता,
तो दुनिया में कभी
किसी का दिल न टूटता।

फिर लोग
उनका इंतज़ार नहीं करते
जो कभी लौटकर नहीं आते,
मगर मोहब्बत
कहाँ किसी उसूल को मानती है,

ये तो अक्सर
उन दरवाज़ों पर दस्तक देती है
जहाँ हमारे लिए
जगह ही नहीं होती।

अगर मोहब्बत
पर हमारा वश होता,
तो दिल कभी
गलत दरवाज़ों पर दस्तक न देता।

हम भी उसी को चाहते
जो हमें चाहता,
उसी पर दिल हारते
जो हमारे दिल की क़द्र करता।.

मगर मोहब्बत,
मोहब्बत कहाँ इंसाफ़ करती है।

ये तो बिना इजाज़त
दिल में उतर जाती है,
और फिर
हर धड़कन पर
अपना हक़ लिख देती है।

दिल भी कितना बेवफ़ा होता है,
जो उसे तोड़ता है,
उसी के लिए धड़कता रहता हैं,
जो आँसू देता है,
उसी की मुस्कान पर मरता रहता है।

अक्सर दिल के फैसले
मोहब्बत में
बहुत गहरे ज़ख्म दे जाते हैं।

शायद इसलिए
क्योंकि दिल को
मिल जाने से ज़्यादा,
तरसना पसंद होता है।

धोखा

हर बार
वो मुझे धोखा देता है,
और हर बार
मैं खुद को यक़ीन दिलाती हूँ
कि शायद,
इस बार उसकी कही बात सच होगी।

बारिश में इतनी उदासी होती है

बारिश,
मेरे लिए
कभी सिर्फ़ बारिश नहीं रही।

मुझे हमेशा ऐसा लगा,
जैसे आसमान के पास भी
एक दिल होता है,
और जब वो
बहुत ज़्यादा भर जाता है,
तब वो
बरसने लगता है।

बारिश मुझे
उन लोगों जैसी लगती है,
जो बाहर से
बेहद ख़ूबसूरत दिखते हैं,
मगर अंदर से
टूटकर
बिखर चुके होते हैं।

तुमने देखा है?

बारिश की हर बूंद,
ज़मीन तक पहुँचने से पहले
बादलों से बिछड़ती है।

शायद इसलिए
बारिश में
इतनी उदासी होती है।

और सबसे अजीब बात
पता है क्या है?

बारिश
हर किसी पर
बराबर बरसती है,
फिर भी
हर इंसान
उसे अलग तरह से महसूस करता है।

किसी को उसमें
बचपन दिखता है,
किसी को
पहली मोहब्बत,
किसी को
बिछड़ना,
और किसी को
अपना अकेलापन।

मुझे बारिश हमेशा

उन अधूरे लोगों की तरह लगती है,
जो पूरी दुनिया को
खूबसूरती देते हैं,
मगर
खुद कभी
पूरे नहीं हो पाते।

बारिश,
दरअसल
वो दर्द है,
जो आसमान भी
अकेले
सह नहीं पाता।

तन्हाई

तन्हाई में सोचती हूँ,
"मैं इतनी तन्हा क्यों हूँ?"

ख्याल आज भी तुम्हारे हैं

तुम न समझ सके मेरे अल्फाज़ों को, तो क्या,
इन अल्फाज़ों में आज भी
ज़िक्र सिर्फ तुम्हारा है।

तुम न समझ सके
मेरी कविताएँ, नज़्में, ग़ज़लें, तो क्या,
इनमें आज भी
तुम हो।

तुम न समझ सके
इन फ़ासलों को, तो क्या,
इन फ़ासलों में
फ़ैसले आज भी तुम्हारे हैं।

तुम न समझ सके
मेरे इन अधूरे ख़्वाबों को, तो क्या,
इन अधूरे ख़्वाबों में
ख़याल आज भी तुम्हारे हैं,

सिर्फ तुम्हारे।

आँसुओं की कब्र

कुछ लोग
ज़िंदगी में आते नहीं,
उतर जाते हैं,
रूह के सबसे गहरे हिस्से में।

तुम भी शायद
ऐसे ही थे।

तुम्हारे जाने के बाद
दर्द सिर्फ़ दर्द नहीं रहा,
वो एक आदत बन गया।

पहले मैं रोती थी
क्योंकि तुम नहीं थे,
फिर एक वक़्त ऐसा आया
जब मैं मुस्कुराने लगी,
क्योंकि कभी तुम थे।

अजीब है ना?
जिस शख़्स ने सबसे ज़्यादा तोड़ा,
उसी ने जीना भी सिखा दिया।

तुम्हारी यादों ने
मुझे कमज़ोर नहीं किया,
उन्होंने मुझे
इतना गहरा बना दिया
कि अब छोटी बातें
दिल तक पहुँचती ही नहीं।

हाँ, कभी-कभी
रात के आख़िरी पहर में
तुम्हारी याद
अब भी आँखें भिगो देती है,
मगर अब उन आँसुओं में
शिकायत नहीं होती।

बस एक ख़ामोश-सी मोहब्बत होती है,
जो अब भी तुम्हें
बददुआ नहीं दे पाती।

तुम गए तो लगा
सब खत्म हो गया।
मगर सच कहूँ?
तुम्हारे जाने के बाद ही
मैंने खुद को पाया।

मैंने जाना,
कि हर मुस्कुराता चेहरा
बेफ़िक्र नहीं होता,
कुछ मुस्कानें

आँसुओं की कब्र पर बनी होती हैं।

और हर टूटा हुआ इंसान
बिखर नहीं जाता।
कुछ लोग
टूटकर इतने खूबसूरत हो जाते हैं
कि उनका दर्द भी
दूसरों को जीना सिखाने लगता है।

कैसे जाने देते

तेरे जाने पे दिल मेरा रोया बहुत,
कैसे जाने देते तुझे ये दिल,
तू गया भी तो ऐसे गया,
जैसे जिस्म से रूह निकलती है।

ये कैसा प्यार है

ये कैसा प्यार है,
जो ना यार का हो सका,
ना दिलदार का हो सका।

जिसपे बहुत मान था मुझे,
वो बेईमान
किसी का ना हो सका।

बहुत गुरूर था मुझे
उसके होने का,
चकनाचूर हो गया,
वो बेवफ़ा
वफ़ादार ना हो सका।

मुझसे वफ़ा के वादे करके,
किसी और से बेवफ़ाई करता था।

वो बेवफ़ा
हर रोज़
एक नया दिल बर्बाद करता था।

जिस्म का शौक रखता था,
हसीनाओं से मौज करता था।

दगा बेहिसाब करता था,
काम ख़राब करता था।।

मोहब्बत हो तुम

मेरे दर्दों की दवा हो तुम,
मेरी जान,
मेरा सबकुछ हो तुम।

किसी रोज़ मिलो तुम,
बता देंगे,
मेरी मोहब्बत हो तुम।

मुझे इतना
न सताया करो तुम,
बस जी भरके
हंसाया करो तुम।

रात की बेचैनियों का
सुकून हो तुम,

और मेरी
अधूरी-सी ज़िंदगी का
सबसे खूबसूरत
जुनून हो तुम।।

हाल-ए-दिल

हाल-ए-दिल बयां करना चाहती हूँ,
तुम्हें अपना कहना चाहती हूँ।

हीरे को तुम कैसे तराशते

हीरे को तुम कैसे तराशते।
तुम्हारी नज़र में
हर चमकती चीज़
सिर्फ़ एक पत्थर थी।

तुमने मुझे भी
उसी भीड़ में रख दिया,
जहाँ पत्थरों की आवाज़ होती है,
पर हीरे हमेशा ख़ामोश होते हैं।

तुमने मेरी सादगी को
साधारण समझ लिया,
और मेरी वफ़ादारी को
एक आसान-सी चीज़,

तुम ये भूल गए
कि हीरे की पहचान
उसकी चमक से नहीं,
उसकी ख़ामोशी से होती है।

पत्थर शोर करते हैं,
पर हीरे

अपनी कीमत ख़ुद बयान नहीं करते।

क्योंकि जो,
हीरे और पत्थर में फ़र्क न कर सके,
वो क़ीमती चीज़ों का हक़दार नहीं होता।

हीरा ख़ुद तुम्हारे पास आया,
शायद इसीलिए
उसकी कीमत
पत्थरों के दामों में लगा दी गई।

तुम्हें भला क्या पता
हीरे की कीमत क्या होती है।

अगर तुम्हें
हीरे की असली कीमत का अंदाज़ा होता,
तो तुम बहुत इतराते,
यूँ बेपरवाह न होते।

ये सोच के तुम खूब इतराते,
कि तुम्हारे पास हीरा खुद आया है ||

बेवफा थे बहुत

ज़माने में हम मशहूर थे बहुत,
मगर अफ़सोस, दिल के हाथों मजबूर थे बहुत ।

हर शख्स हमारी वफ़ाओं के किस्से सुनाता था,
मगर अपनी मोहब्बत में हम बेवफा थे बहुत।

दिल ने जिसे इबादत की तरह चाहा,
उसी के इश्क़ में गुनाहगार थे बहुत।

हर किसी को लगता था गुरुर हैं बहुत,
किसे बताते अपने ही सवालों में उलझे थे बहुत।

जिसे शिद्दत से चाहा, वो बेवफा थे बहुत,
मगर अफ़सोस, दिल के हाथों मजबूर थे बहुत ।

ये कैसा इश्क़ है

पहले जान देता था,
अब जान लेता है।

ये कैसा इश्क़ है यार,
जो पहले दिल-ए-हाल जान लेता था,
अब दिलो-जान चाहता है।

इश्क़ को इबादत कहा गया है

यहाँ महफ़िल में बैठा
हर एक शख़्स
अपनी अधूरी मोहब्बतों को
मेरी आँखों में ढूँढता है।

शायद इसलिए
उन्हें मेरी हर बात
अपनी अधूरी मोहब्बत लगती हैं।

इश्क की महफ़िल में मशहूर होना भी
कितना अजीब होता है ना,

लोग तालियाँ बजाते हैं,
और अंदर ही अंदर कोई
धीरे-धीरे बिखर रहा होता है।

यहाँ लोग
टूटे हुए दिलों पर तरस कम,
कहानियाँ ज़्यादा ढूँढते हैं।

अफ़सोस
वो दर्द की गहराई नहीं नापते,

बस कहानियों का मज़ा लेते हैं।

जो मिल जाते हैं,
वो अक्सर मोहब्बत बन जाते हैं,
और जो नहीं मिलते,
वो इबादत बन जाते हैं।
शायद इसलिए
इश्क़ को इबादत कहा गया है,
क्योंकि इसमें
माँगने से ज़्यादा
खोना पड़ता है।

मैंने देखा है—
कुछ लोग सिर्फ़ इसलिए मुस्कुरा देते हैं,
ताकि कोई
उनकी आँखों का समंदर ना पढ़ ले।

और मैं भी उन्हीं में से एक हूँ,

कभी-कभी मैं सोचती हूँ—

ये अधूरापन ही तो है
जो अल्फ़ाज़ों को दर्द देता है,
और दर्द ही
हर कविता को
एक मुकम्मल एहसास देता है॥

दिल की उदासी

एक रोज़ मैं उदास तन्हा बैठी थी,
तन्हाई इतनी थी कि बेवजह रो दिया,
ना अपने ग़म की वजह का पता था मुझे,
ना इस दिल की उदासी का पता था मुझे।

दिल को शायद,
किसी अपने के बदल जाने का एहसास था।

ऐसा लगा जैसे अंदर कुछ टूट रहा हो,
मैं खुद को संभालना चाहती थी मगर,
हर कोशिश में कोई अधूरा ख़्वाब टूट रहा था।
और दिल अंदर ही अंदर बिखर रहा था।

वो शख्स अब बदल गया है

यादों से उसकी कब तक गुज़ारा करेंगे,
बेवजह दिल की धड़कनो को कबतक रोका करेंगे।

वो शख्स अब हमारी जिंदगी का हिस्सा तक नहीं,
हम कबतक उसे अपनी कहानी का किरदार समझा करेंगे।

ये दिल अब उसे भूल क्यूं नहीं जाता,
कबतक उसे अपनी जिंदगी समझा करेंगे।

वो शख्स अब बदल गया है,
हम कबतक उसकी यादों में तड़पा करेंगे।

आखिर कबतक उसे बेवफा कहेंगे,
किसी रोज़ उसकी यादों से खुदको आजाद करेंगे।

रातों का आख़िरी ख़याल

मेरी ज़िंदगी में वो शख़्स ऐसे आया,
जैसे कोई ख़्वाब
हक़ीक़त बनकर आया हो।

वो मेरी सुबहों का सुकून था,
और रातों का आख़िरी ख़याल।

मुझे नहीं पता,
उसे कभी एहसास हुआ भी या नहीं,
कि वो शख़्स
किसी की पूरी दुनिया था।

मैंने उसे ऐसे चाहा,
जैसे कोई आख़िरी साँस से पहले
ज़िंदगी को चाहता है।

वो सिर्फ़ मेरी दुनिया नहीं था,
वो मेरी हर अधूरी चीज़ का
मुकम्मल जवाब था।

आज भी उसका नाम सुनूँ,
तो दिल धड़कना भूल जाता है।

क्योंकि अब वो शख़्स
मेरी ज़िंदगी में नहीं है।

कभी-कभी लगता है,
जैसे दिल अब भी
उसे आवाज़ देता है।
मगर कुछ आवाज़ें
कभी किसी तक नहीं पहुँचतीं,
वो बस दिल के अंदर
गूँजती रहती हैं,
उम्र भर।

कभी-कभी लगता है,
वो अगर मिल जाता,
तो शायद ज़िंदगी इतनी ख़ूबसूरत होती,
कि हर चीज़ मुकम्मल नज़र आती।

मगर अब,
वो सिर्फ़ मेरी कविताओं में मिलता है,
मेरे अधूरे ख़्वाबों में मिलता है।

वो चला गया,
लेकिन अपने साथ
मेरा वो हिस्सा भी ले गया,
जो कभी बेफ़िक्र होकर
मुस्कुराया करता था।

उसके जाने के बाद,
फिर पूरी ज़िंदगी
ये दिल किसी के लिए नहीं धड़कता,
और उम्र भर
तन्हा रहता है।

हक़दार

“इस मोहब्बत पर उसका हक़ न था,
फिर भी हक़दार बन गया।

मैं उसकी मोहब्बत की हक़दार थी,
मैं नहीं जानती,
लेकिन हक़ीक़त तो यह थी,
वो मेरी नफ़रत का भी हक़दार न था,
फिर भी हक़दार बन गया।”

दिल तोड़ जाते हैं

मोहब्बत में वो तन्हा, अकेला छोड़ जाते हैं,
वो दिल धड़कने पे, दिल तोड़ जाते हैं।

कैसे यक़ीं करें फिरसे मोहब्बत पे,
वो बेवफ़ा कहके अकेला छोड़ जाते हैं।

वो दिल जो मोहब्बत में तड़पते हैं,
वो यक़ीनन किसी बेवफा के लिए धड़कते हैं।

वो दिल ज़िंदा कैसे रहते हैं,
जो किसी के दिल को बेरहमी से मार देते है।

वो लोग जो बेवफ़ा होते हैं, वो कहां होते हैं
कभी किसी के दिल में, कभी किसी की दुनिया में होते हैं।

किस्सा बताते हो कैसे

मेरे बगैर रहते हो कैसे,
मुझसे वफ़ा के वादे करके,
मुझको यूँ तड़पाते हो कैसे,

मैंने तो तुम्हें अपनी पूरी दुनिया समझा था,
फिर तुम मेरी मोहब्बत को एक किस्सा बताते हो कैसे,

तुम्हारे बिना तो एक पल भी सदियों सा लगता है,
फिर तुम मेरे बिना पूरी उम्र बिताते हो कैसे।

क्या सच में वो बेवफ़ा था?

मैं उससे वफ़ा की उम्मीद लगाए बैठी थी,
और वो,
मेरी मोहब्बत का
सबसे ख़ूबसूरत धोखा निकला।

कभी-कभी मैं खुद से पूछती हूँ—
क्या सच में वो बेवफ़ा था?

जिसने मेरे भरोसे को तोड़ दिया,
उसी के नाम पर
आज भी मेरा दिल धड़क उठता है।

समझ नहीं आता क्यों,

शायद मोहब्बत वैसी ही होती है,
जैसे कोई टूटा हुआ तारा
आख़िरी बार आसमान में
चमकने की ज़िद करता है।

वरना बेवफ़ाई के बाद
कोई किसी से

इतना प्यार नहीं करता।

मैंने कई रातें
उसकी यादों के सहारे काटी हैं,
कई बार खुद से कहा—
"अब नहीं सोचूँगी उसे"
मगर हर बार,
दिल ने मेरी
एक नहीं सुनी।

क्योंकि दिल आज भी मानता है
कि एक दिन
वो लौटेगा,
और कहेगा—

"मुझे देर हो गई,
मगर मेरी मोहब्बत
झूठी नहीं थी"

वो मेरी मोहब्बत की कहानी में
सबसे खूबसूरत किरदार था,
और शायद,
सबसे दर्दनाक भी।

बेवजह

मुझे प्यार हुआ था, एक दफ़ा,
दिल टूटता है, सौ दफ़ा।

दर्द हुआ था बेपनाह,
दिल तोड़ दिया था बेवजह।

लोग पूछेंगे वजह तन्हाई की

ज़माने से तुम क्या कहोगे,
जो उम्र भर तन्हा रह जाओगे।

लोग पूछेंगे वजह तन्हाई की,
क्या हर सवाल पर ख़ामोश रह जाओगे।

जिसे बेवफ़ा कहकर खो दिया तुमने,
क्या उसकी यादों से बच पाओगे।

दिल तोड़ना आसान था शायद,
मगर बिखरकर ख़ुद भी रह जाओगे।

जिस दिल को बेवफ़ा कहकर खो दिया तुमने,
उस जैसा दिल फिर कहाँ से लाओगे।

और एक दिन,
आईने के सामने खड़े होकर,
ख़ुद को भी बेवफ़ा पाओगे।

क्या तुम ठहर जाते?

कभी-कभी सोचता हूँ,
अगर तुम्हें सच में एहसास हो जाता
मेरी मोहब्बत का,
तो क्या तुम ठहर जाते?

या फिर
तुम भी बाकी लोगों की तरह
मोहब्बत को बस
कुछ खूबसूरत लफ़्ज़ समझकर
आगे बढ़ जाते।

तुम्हें पता है,
इश्क़ की सबसे दर्दनाक बात क्या होती है?

किसी का छोड़कर चले जाना नहीं,
बल्कि
उसका कभी तुम्हारा हुआ ही न होना।

हमने तो तुम्हें
अपनी दुआओं में ऐसे रखा था
जैसे कोई मंदिर में
आख़िरी उम्मीद रखता है।

और तुम,
तुमने हमें ऐसे भुला दिया
जैसे अधूरी किताबों में
लोग सूखे फूल छोड़ देते हैं।

अब हाल ये है कि
तुम्हारा ज़िक्र आते ही
दिल मुस्कुराता भी है
और टूट भी जाता है।

और शायद
यही अधूरी मोहब्बत की
सबसे खूबसूरत सज़ा है।।

अफ़सोस

लोग मरते हैं मुझ पर,
मगर अफ़सोस,
मैं हर रोज़ मरती हूँ तुम पर।

एक ख़याल तक नहीं होते

मोहब्बत हमेशा अधूरी नहीं होती,
कभी-कभी एहसास अधूरे रह जाते हैं।

क्योंकि कभी-कभी
हम उस इंसान से दिल लगा बैठते हैं,
जिसे हमारे एहसासों की ख़बर तक नहीं होती।

और वो,
हमारी मोहब्बत से बेख़बर,
अपनी दुनिया में खोया रहता है।

मगर मोहब्बत की सबसे बड़ी बेबसी ये नहीं
कि कोई छोड़कर चला जाए,

सबसे बड़ी बेबसी तो ये है,
कि कोई इंसान हमारी पूरी दुनिया बन जाए,
और उसे कभी एहसास ही न हो,
कि वो किसी की दुनिया था।

कितनी अजीब बात है ना—
एक इंसान हमारी पूरी दुनिया बन जाता है,
और हम उसकी दुनिया में

एक ख़याल तक नहीं होते।

अफ़सोस,
कुछ लोग हमारे मुकद्दर में नहीं होते,
फिर भी दिल उम्र भर
उन्हीं के लिए धड़कता रहता है।

मुझे इश्क़ था

उसे मुझसे मोहब्बत थी, मुझे किसी और से मोहब्बत थी,
दिलों की इस कहानी में बस इतनी सी बगावत थी।

मैं उसकी आहटो में अपना इश्क़ ढूंढती रही,
वो किसी और की चाहत में खोया रहा शायद।

मुझे इश्क़ था उससे, उसे किसी और से था,
हम दोनों की कहानी में हार थी शायद।

टूटे हुए दिल का मरहम

कॉलेज की पहली दोस्त,
सिर्फ कॉलेज की नहीं,
मेरी ज़िंदगी का भी
एक खूबसूरत हिस्सा हैं।

कुछ लोग हमारी ज़िंदगी में
आते हैं और फिर
हमारे टूटे हुए दिल का
मरहम बन जाते हैं।
मेरी वो दोस्त भी
शायद ऐसी ही है।

मैं उस दौर से गुजर रही थी
जहाँ हर तरफ
बस तन्हाई नज़र आती थी।

एक दिन
जब तन्हाई
दिल पर बहुत भारी पड़ रही थी,
तब मैंने उनसे से कहा–

"मोहब्बत उससे करनी चाहिए ना,

जहाँ मोहब्बत के बदले
मोहब्बत मिल सके”

उन्होंने मेरी तरफ देखा,
फिर अचानक
वो हल्का सा मुस्कुराईं,
और फिर बोलीं–

“तुझे फुल्की पसंद है ना,
एक काम कर,
तू फुल्की से मोहब्बत कर ले...
बदले में
तुझे ढेर सारी मोहब्बत मिलेगी”

उस पल
उनकी कही हुई वो छोटी-सी बात
मेरे दिल को
बहुत गहराई से छू गई थी।

क्योंकि उस दिन
उन्होंने मुझे एहसास दिलाया
कि जिंदगी हर बार
गंभीर होकर जीने की चीज़ नहीं होती।

जब जिंदगी
बहुत शोर करती है,
और दिल
बहुत थक जाता है,

तब उसकी कही हुई
वही बात
धीरे से याद आती है—

"तू फुल्की से मोहब्बत कर ले"

और पता नहीं क्यों,
हर बार
दिल थोड़ा मुस्कुरा देता है।

रंगों से ऐसे खेलती हो

रंगों से ऐसे खेलती हो,
जैसे हर रंग तुम्हारा अपना हो,
मेरी हर तस्वीर को ऐसे रंगती हो,
जैसे हर तस्वीर पर इश्क़ लिखा हो।

तुम्हारी उँगलियों की हर आहट में,
एक ख़ूबसूरत-सी कहानी बसती हो,
जैसे हर तस्वीर तुम्हें देखकर,
रंगों में ढलने की ज़िद करती हो।

रंगों से ऐसे खेलती हो,
जैसे हर रंग पर मोहब्बत लिखती हो,
तुम्हारी उँगलियाँ जब मेरी तस्वीर को छू लें,
लगता है किसी ने मेरे ख़्वाबों को थाम लिया हो।

मुकम्मल आसमान

तुम मुस्कुराती हो,
तो ऐसा लगता है
जैसे मेरी अधूरी दुनिया को
उसका मुकम्मल आसमान मिल गया हो।

उस एक मुस्कान के आगे
मुझे दुनिया की हर चीज छोटी लगती है,
और फिर मुझे लगता है
मैं दुनिया की सबसे अमीर शख्सियत हूँ।

मैं तुम्हारी हर ज़रूरत पूरी कर सकूँ,
यही मेरी इबादत है,

तुम मुझसे कुछ मांगो,
और मैं ना दे सकूं
वो लम्हा कभी मेरा नहीं होगा,
मैं यकीन से कह सकती हूं,

मैं तुम्हें पाकर,
हर वक्त खुद को कीमती समझती हूं,
मैं दुनिया की सबसे अमीर शख्सियत हूँ।

ये बात मैं यकीन से कह सकती हूं,
क्योंकि मेरे पास तुम हो,

तू है तो सब है मेरे पास

तू है तो सब है मेरे पास,
तू नहीं होता, तो कुछ नहीं होता मेरे पास।

खुदा को आता है
हीरे को परखना, निखारना शायद।
वो जानता था,
तू होगा तो सब होगा मेरे पास।

-My Everyday Blessings

एक मेरा दिल,
और एक
मेरे दिल की धड़कन हैं।

I am the richest person in the world,
because I have you.

Whatever dream I see,
it becomes reality,
because I have you.

- To My Heart and My Heartbeat

मुझे प्यार है तुमसे

मुझे प्यार है तुमसे,
तुम पूछती हो,
कितना प्यार है मुझसे।

शायद ये बताने में
एक उम्र बीत जाएगी,
फिर भी मैं बयाँ नहीं कर पाऊँगी
कि मुझे कितना प्यार है तुमसे।

बस यही कहूँगी उम्र भर,
कि मुझे प्यार है तुमसे।।

– To The Ones I Love Beyond Words

मेरा हीरा हो तुम,
कीमती जौहरी ने परखा है तुम्हें।।

— To My Greatest Blessings

तेरे बिन
मेरा कोई वजूद नहीं है,
तू मेरे
होने का सबूत है।

Who taught me how to dream and gave me the strength to turn those dreams into reality.

— To My Parents

मेरी आँखों का नूर हो तुम,
मेरा सबसे कीमती कोहिनूर हो तुम।।

— To The Precious Gems of My Life

ज़िंदगी अभी भी खूबसूरत है

बारिश आती है,
तो सिर्फ़ मौसम नहीं बदलता,
पूरी दुनिया जैसे
धीरे-धीरे मुस्कुराने लगती है।

ऐसा लगता है,
जैसे आसमान ने
धरती को मोहब्बत भरा ख़त लिखा हो,
और हर बूंद
उस ख़त का
एक-एक अल्फ़ाज़ हो।

सूखी हुई मिट्टी
जब पहली बूंद को छूती है,
तो ऐसा लगता है
जैसे धरती ने
बरसों बाद
राहत की साँस ली हो।

पेड़ों के पत्ते
बारिश में ऐसे चमकते हैं,

जैसे किसी ने
उन पर चुपके से
मोती सजा दिए हों।
फूलों की खुशबू
हवाओं में घुलकर
हर गुजरते इंसान से कहती है—
देखो,
ज़िंदगी अभी भी
खूबसूरत है।

बारिश आती है,
तो चिड़ियों की आवाज़ भी
कुछ ज़्यादा प्यारी लगने लगती है।

खिड़की पर गिरती बूंदें
ऐसा संगीत बनाती हैं,
जो किसी साज़ से नहीं,
सिर्फ़ एहसासों से
सुना जाता है।

और वो ठंडी हवा,
जो बारिश के साथ
चेहरे को छूती है,
ऐसा लगता है
जैसे कोई अपना
बिना कुछ कहे
बहुत प्यार से

माथा छू गया हो।

बारिश में
चाय का स्वाद भी बदल जाता है,
किताबों के पन्ने भी
ज़्यादा खूबसूरत लगने लगते हैं,
और अधूरी बातें भी
दिल के बहुत करीब आ जाती हैं।

शायद इसलिए
बारिश कभी
सिर्फ़ बारिश नहीं लगती,

वो कभी मोहब्बत लगती है,
कभी सुकून,
कभी याद,
तो कभी
ज़िंदगी को फिर से
महसूस करने की वजह।

बारिश ही है वो

बारिश ही है वो,
जिसे ना तो
लफ़्ज़ों में बयाँ किया जा सकता है,
ना ही
अल्फ़ाज़ों में बयाँ किया जा सकता है।

ज़िंदगी बहुत बोरिंग है

ज़िंदगी बहुत ख़ूबसूरत है,
पहले मुझे लगता था
ज़िंदगी बहुत बोरिंग है।

हर रोज़ वही जंग,
कभी चाय में चीनी ज़्यादा,
तो कभी खाने में नमक कम।

ज़िंदगी बहुत ख़ूबसूरत है,
मैं इसे बदसूरत होने का टैग देती,
इससे पहले
ज़िंदगी ने एक ख़ूबसूरत दोस्त से मिला दिया।

अब ऐसा लगने लगा है
जैसे सारे ज़ख्म भरने लगे हैं,
ज़िंदगी से सारी शिकायतें
खत्म होने लगी हैं।

अभी कुछ ही महीने हुए हैं
उससे मिले हुए,
ऐसा लगा जैसे
हम एक-दूसरे को
बरसों से जानते हैं।

मुझे इश्क़ है अधूरे ख़्वाबों से

मुझे इश्क़ है
अधूरे ख़्वाबों से,
जागती रातों से,

क्योंकि इस इश्क़ में,
जुनून है,
हद से गुज़र जाने का,
अपने ख़्वाबों को पूरा करने का,
उन्हें हक़ीक़त बनाने का।

दिल तोड़ने का इरादा था

इश्क का दर्द
हम जानते हैं,
इश्क का मर्ज
तुम जानते हो।

तुम बेवफा हो,
ये हम जानते हैं,
हम वफा चाहते हैं,
ये तुम जानते हो।

दिल तोड़ने का इरादा था,
या बदला था?
दिल हर रोज तोड़ देते हो,
हर रोज बदल जाते हो।

वफा थी मुझसे,
या खफा थे मुझसे?
किस बात की सजा
देना चाहते हो,
क्यों बेवफा
होना चाहते हो?

तुमने गैरों का कहा मान लिया,
मेरी मोहब्बत को ठुकरा दिया।

तुम गैरों का कहा मानते हो,
मेरी मोहब्बत को
ठुकराना जानते हो।।

वक्त रुक सा गया

ना जाने क्यों,
वक्त रुक सा गया,
साँसें थम सी गईं,
ज़िंदगी ठहर सी गई।

ना जाने क्यों,
उस एक शख़्स के बिना
दिल दर्द बनकर रह गया,
ज़िंदगी तड़प बनकर रह गई,
वक्त रुक सा गया,

ना जाने क्यों,
ज़िंदगी का हर पड़ाव
मुश्किल सा लगता है,
दिल का हर एक कतरा
तन्हा सा लगता है,
और महफ़िल का हर एक शख़्स
पराया सा लगता है।

ना जाने क्यों,
उस एक शख़्स के बिना

वक्त रुक सा गया,
साँसें थम सी गईं,
और ज़िंदगी ठहर सी गई।

अजब दास्ताँ है

रास्ते तय करते-करते
हम मंज़िल तक पहुँच गए,
काँटे बिछाए लोगों ने,
हम गुलाब बन खिलते गए।

अजब दास्ताँ है
मंज़िल तक पहुँचने की,
कीचड़ भी मिला रास्तों में,
हम कमल बन निखरते गए।

हादसे

हमारी हर एक सफलता
लोगों के दिलों पर
एक हादसे की तरह गुज़रेगी।

मोहब्बत की इस भीड़ में

मोहब्बत की इस भीड़ में
उम्रभर का तजुर्बा लेकर आयी हूँ।

ख़्वाबों में सपनों का
आशियाना लेकर आयी हूँ।

फ़ासलों में नज़दीकियों का
मशवरा लेकर आयी हूँ।

दर्द के इस शहर में
बेदर्दी का पैग़ाम लेकर आयी हूँ।

मोहब्बत की इस भीड़ में
उम्रभर का तजुर्बा लेकर आयी हूँ।

मोहब्बत में तन्हा हुए लोगों की रातों में
इक सुकून लेकर आयी हूँ।

रातों की अधूरी नींदों में
ख़्वाबों का आशियाना लेकर आयी हूँ।

मोहब्बत की इस भीड़ में
उम्रभर का तजुर्बा लेकर आयी हूँ।

धोखा

उसे धोखा देना आम लगता है,
ये बात वो सरेआम कहता है।

मुझको धोखा देना वो आम समझता था,
अब यही सोचकर
वो ख़ुद को नाकाम समझता है।

ताजमहल

मेरे कुछ दोस्त
मुझे "ताजमहल" कहते हैं,

ताजमहल
हर किसी को अच्छा लगता है,
लेकिन
हर किसी को मिल नहीं सकता,

मगर सच तो यह है कि,
ताजमहल भी
इस महफ़िल में तन्हा है,

मेरे दोस्त
मुझे प्यार करते हैं,
फिर भी
न जाने क्यों
मैं खुद को तन्हा महसूस करती हूँ
इस महफ़िल में॥

मेरी डायरी

तेरी यादों में ना जाने
मैंने डायरी के कितने पन्ने भर दिये।

मेरी डायरी का हर इक पन्ना
बेकसूर था,
मगर तेरे जाने के बाद
डायरी के ये पन्ने
खुद को कसूरवार मान बैठे हैं।

जैसे मेरी खामोशी का इल्ज़ाम
उन्होंने अपने हिस्से
लिख लिया हो,

ऐसा लगा जैसे
मुझे अपने ही हिस्सों में
बिखरने से बचा लिया हो।

अब जब भी
मैं इन्हें खोलती हूँ,
तो हर पन्ना
मुझसे तेरे बिछड़ने की
वजह पूछता है,

जहाँ आज भी
स्याही नहीं,
मेरी धड़कनें
सूख चुकी हैं,

पूछते हैं मुझसे –
“जिसे इतना चाहा था,
उसे खो कैसे दिया?”

जो मेरी पूरी दुनिया था

जिस शख़्स की मौजूदगी कभी
मेरे चेहरे की मुस्कुराहट और
दिल का सुकून हुआ करती थी,

आज उसके सामने
मैं खुद को तन्हा महसूस करती हूँ,

कभी जो मेरी पूरी दुनिया था,
आज वही
मेरी तन्हाइयों की वजह बन गया है॥

इक रोज तुम भी चले जाओगे

इक रोज तुम भी चले जाओगे,
इक रोज हम भी चले जाएंगे।

रह जाएंगी तो यादें,
रह जाएंगी तो मोहब्बतें।

किसी रोज तुम भी याद आओगे,
किसी रोज हम भी याद आएंगे।

ये अधूरी दास्तां,
किसी रोज किस्से-कहानियों में पूरी हो जाएगी।

ये अफसाने मोहब्बत के,
कभी रुलायेंगे,
तो कभी मोहब्बत करना सिखायेंगे।

हम आज भी मज़बूत हैं

ना आज थे मजबूर,
ना कल होंगे मजबूर,
हम आज भी मज़बूत हैं,
और कल भी होंगे मज़बूत।

ना आज थे असभ्य,
ना कल होंगे असभ्य,
हम आज भी सभ्य हैं,
और कल भी होंगे सभ्य।

ना आज थे बुझदिल,
ना कल होंगे बुझदिल,
हम आज भी जुनूनी हैं,
और कल भी होंगे जुनूनी।

ना आज डगमगाए हौसले,
ना कल डगमगाएँगे हौसले,
हौसले आज भी बुलंद हैं,
और कल भी होंगे बुलंद।

ना आज थे उदास,
ना कल होंगे उदास,

हम आज भी मुस्कुराते हैं,
और कल भी मुस्कुराएँगे।

ना आज थी ज़िंदगी बेरंग,
ना कल होगी ज़िंदगी बेरंग,
ज़िंदगी आज भी रंगीन है,
और कल भी होंगी रंगीन।

ना आज था उसे एहसास,
ना कल होगा उसे एहसास,
हम आज भी मज़बूत हैं,
और कल भी होंगे मज़बूत।

मेरा ख्वाब है

मुझे अपने ख़्वाबों से बहुत प्यार है,
और इन्हें हक़ीक़त बनाना मेरा ख़्वाब है।।

लोग अपने दिल गिरवी देते हैं

मेरी कीमत का अंदाज़ा नहीं था शायद उसे,
जिस भी महफ़िल में जाते हैं,
लोग अपने दिल गिरवी दे देते हैं।।

वो दोस्त हैं मेरी

वो दोस्त हैं मेरी,
मेरे दिल की
हर धड़कन पहचानती है।

कभी चाँद को देखकर
मेरा ज़िक्र करती हैं,
कभी रातों की तन्हाई में
मेरी फ़िक्र करती है।

मुझे किताबों की खुशबू पसंद है,
पुराने ख़तों में छुपे एहसास पसंद हैं।

वो जानती है,
मुझे किताबों में
खो जाना अच्छा लगता है,
पुराने ख़तों में
अपना दिल छोड़ आना अच्छा लगता है।

वो मेरी हर आदत से वाक़िफ़ है,
मेरी ख़ामोशी तक पहचानती है,
फिर भी मुझसे प्यार करती है।

वो अक्सर
मेरे लिखे ख़त पढ़ा करती थी,
हर अल्फ़ाज़ में
मेरी इश्क़ ढूँढा करती थी।

एक रोज़ उसने कहा,

"तुम्हारे ख़तों में
तुम्हारा इश्क़ नज़र नहीं आता"

मैंने कुछ कहा नहीं,
बस मुस्कुराकर दिया,

और मैं,
मैं फिर उन्हीं पुरानी बातों में
तुझे ढूँढने लगती हूँ,
जहाँ तू हँसते-हँसते
मेरी सारी उदासियाँ,
चुरा लिया करती थी।

फिर महसूस होता है,
कुछ एहसास
कभी नहीं बदलते।

शायद वक़्त बदल गया,
मगर कुछ दोस्त
आज भी वैसे है।

तेरे आने की खबर है मुझको

तेरे आने की खबर है मुझको,
चाँद को भी सब्र नहीं,
मेरी चाहत तेरे लिए है सारी,
चाँद को ये बात लगती है प्यारी,

दिल दुखाने में नाकाम रहे

मेरे कुछ दोस्त
मेरा दिल दुखाने में नाकाम रहे।

जानते हैं क्यों?
मेरे दिल ने किसी को
इतना हक़ दिया ही नहीं,
कि वह मेरा दिल दुखा सके।।

तुम्हारी खबर आजतक में नहीं देखी

मैंने तुम्हारी खबर आजतक में नहीं देखी,
मैंने तुम्हारी खबर कलतक में देखी।

आजतक में खबर झूठी हो सकती है,
कलतक में खबर सच्ची होगी।

आजतक में सब्र की सुबह नहीं देखी,
कलतक में सब्र की सुबह देखी।

आजतक जो ख्वाब थे, वो धुंध में खोए लगते थे,
कलतक वही ख्वाब हक़ीक़त की तरह चमकेंगे।

आजतक वक़्त ने हर मोड़ पर इम्तिहान लिखे,
कलतक वही वक़्त मेरे हौसलों की दास्तान लिखेगा।

आजतक टूटे हुए लफ़्ज़ों में दर्द बसता था,
कलतक उन्हीं लफ़्ज़ों में मोहब्बत मुस्कुराएगी।

सूरज सा ढलता हुआ एक सांझ है आजतक,
सूरज सा उगता हुआ एक सवेरा है कलतक।

ये नूर उम्मीद बनकर बिखरा है आजतक,
यही नूर उम्मीद बनकर निखरेगा कलतक।

तुम थे उस चेहरे में

हम हर शख्स के इरादों को जानते हैं,
वादे करके मुकर जाते हैं, जानते हैं।

वो एक चेहरा जो भुलाया नहीं जाता,
उस एक चेहरे में कोई और नहीं,
तुम थे उस चेहरे में।

तुम्हारा जुल्फों से खेलना जानते हैं,
तुम्हारा अदाओं पे मरना जानते हैं।

क्या जुल्फें हैं तुम्हारी,
क्या अदाएँ हैं तुम्हारी,
ये सब बातें हैं तुम्हारी,
हम जानते हैं।

दिल टूटने का ग़म

वफ़ादारों की गलियों से
बेवफ़ा को गुज़रते देखा है,
आज फिर हमने
दिल टूटने का ग़म
आँखों से देखा है।

अनकहे दर्द

कोई ऐसा होता,
जो मेरे जज़्बातों को समझ पाता,
कोई ऐसा होता,
जो मुझे महसूस कर पाता,

जो मेरी ख़ामोशियों में छुपे
अनकहे दर्द को पढ़ लेता,
और बिना कुछ पूछे
मेरे एहसासों को समझ जाता,

कोई ऐसा होता
जो मेरे चेहरे की हँसी देखकर भी
मेरी आँखों की उदासी पढ़ लेता,

ज़िंदगी में बस
एक ऐसे दोस्त,
एक ऐसे साथी की तलाश रही,

कहीं ऐसा न हो कि
एक ऐसे दोस्त की तलाश करते-करते
मेरी ज़िंदगी
यूँ ही तन्हाइयों में गुजर जाए॥

मोहब्बत की उम्मीद

ऐसा नहीं था,
मैंने उससे ख़ूबसूरत शख़्स नहीं देखे दुनिया में।

मैंने उससे भी ख़ूबसूरत शख़्स देखे दुनिया में,
मगर पता नहीं,
उस शख़्स में मुझे ऐसा क्या नज़र आया,
जो ऐ दिल, उससे मोहब्बत की उम्मीद कर बैठा।

हम दोनों ही तन्हा हैं

मैं उससे क्या ख़फ़ा होऊँ,
मैं तो ख़ुद से ही ख़फ़ा हूँ।

हम मिलकर भी न मिल सके,
क्यों?

दुनिया की भीड़ के बीच,
हम दोनों ही तन्हा हैं।

ज़िंदगी से मुझे बेतहाशा मिला

ज़िंदगी से मुझे
बेतहाशा मिला,

जितना मिला,
उतना भी
किसी का ख़्वाब है यहाँ।

ज़िंदगी से मुझे
कोई शिकायत नहीं,

शुक्रिया कहने को
अल्फ़ाज़ कम हैं यहाँ।

ईश्वर के बिना अस्तित्व नहीं

मंज़िल मिलेगी ये मुझे पता है,
लेकिन कब मिलेगी
ये मेरा रब जानता है।

जो अपने रब को मानता है,
वो खुद को पहचानता है।

मैं दुआएँ पढ़ती हूँ,
वो मेरे लिए दुआएँ देता है,
मैं सर झुकाती हूँ,
वो मुझे अपना सब कुछ देता है –
प्यार, समर्पण और ज्ञान,

मेरा मुझमें कुछ भी नहीं,
सब उसका है,
उसका मुझमें सब कुछ है,
वो मेरा रब है।

ईश्वर के बिना अस्तित्व नहीं,
ये साक्ष्य, ये सत्य है,
जो ईश्वर को मानता है,
वो खुद को पहचानता है।

रब मुश्किल वक़्त में
मुस्कुराना सिखाता है,
हम उसके बच्चे हैं,
बच्चों की तरह समझाता है।

अगर कभी संघर्ष हार जाए,
तो फिर से हौसला कर
संघर्ष करना सिखाता है,
वो मेरा रब है,
मुझे फिर से जीना सिखाता है।

खुदा मेरे हिस्से में लिख दे

जब कभी डूबूँ,
तो किनारों तक पहुँचने के लिए,
मुझे किसी सहारे की ज़रूरत न पड़े,

बस इतना हुनर खुदा मेरे हिस्से में लिख दे
कि टूटकर भी खुद को संभाल सकूँ,
और बिखरकर भी फिर से निखर सकूँ।

जब वो दूर होता है

जब वो सामने होता है,
तब दिल को उस पर तरस तक नहीं आता।

जब वो दूर होता है,
तब बार-बार हर लम्हे, हर एहसास में

लबों पर उसी का ज़िक्र आता है।
पता नहीं, ये मोहब्बत है
या "दर्द-ए-दिल"।

एहसास

कोई एहसासों में जीता है,
कोई एहसासों को
ज़िंदगी समझ बैठता है।

अनमोल हीरा

तुम मेरे ना हो सके,
ये ग़म तुम्हें ज़िंदगी भर सताएगा।

कितना अनमोल हीरा खो दिया है तुमने,
ये अफ़सोस तुम्हें ज़िंदगी भर रुलाएगा।

भागती हुई ज़िंदगी

मैं कोई कविता नहीं लिख रही हूँ,
बस उस एहसास को
अल्फ़ाज़ देने की कोशिश कर रही हूँ,
जिसने पहली बार
मेरे दिल को
धड़कना सिखाया था।

उसकी आँखों में
ना जाने ऐसा क्या था,
कि एक अजनबी में भी
मुझे अपना घर
दिखाई देने लगा।

जब मैं उससे
पहली बार मिली,
तो वक़्त
कुछ पल के लिए
ठहर-सा गया था,

वो पहली बार मिला,
तो ऐसा नहीं लगा था

कि मुझे किसी से
प्यार हो गया है,

बस इतना लगा था –
कि मेरी
भागती हुई ज़िंदगी को
पहली बार
किसी की मौजूदगी में
सुकून मिला है।

मगर सबसे
दर्दनाक बात ये है,

जिस इंसान ने
मुझे सबसे ज़्यादा
अधूरा किया,
उसी ने मुझे
पहली बार
पूरा महसूस करवाया था।

अब कभी-कभी,
जब रात
बहुत ख़ामोश होती है,
तो ऐसा लगता है –
जैसे कोई
धीरे से मुझसे
मेरा सुकून

वापस माँग रहा हो,

सच कहूँ,
उसके जाने के बाद
हम पहले जैसे
कभी नहीं रहते।।

इश्क़ ऐसा फ़लसफ़ा

इश्क़ में गहराई है बहुत,
जाना, तो तुझमें डूब गया,
ये इश्क़ ऐसा फ़लसफ़ा निकला,
कि जितना बचना चाहा,
उतना उलझता गया।

दिल जिसे ढूंढता है

शामो-सुबह दिल उसे ढूँढता है,
क्या पता उसे,
दिल जिसे ढूँढता है।।

मुस्कुराहट

तुम मुस्कुराते हो,
तो क्या लगते हो।

तुम नहीं मुस्कुराते,
तो मुस्कुराहट भी
मुरझाई हुई-सी लगती है।

वो रात भर जागा लगता है

उसे चाँद बहुत प्यारा लगता है,
मुझे भीगा हुआ जंगल अच्छा लगता है।

मेरी चाहत में, वो रात भर जागा लगता है,
उसकी आँखों में, मेरा ख़्वाब अच्छा लगता है।

वफ़ा का ज़िक्र

क्यों करूँ मैं
उसकी बेवफ़ाई का ज़िक्र,

उसने तो आज तक
नहीं किया मेरी वफ़ा का ज़िक्र।

जुनून मेरी रूह में बसता है

शरारती हूँ,
थोड़ी ज़िद्दी भी,

जुनून मेरी रूह में बसता है,
और जज़्बात
मेरी आँखों से छलक जाते हैं।

मगर एक बात जान लो—
मैं तुम्हारी तरह
मोहब्बत के नाम पर
दिलों का तोड़ना नहीं जानती।

मैंने मोहब्बत में
कभी बेवफाई नहीं की,
मैंने तो इश्क़ को
इबादत की तरह निभाया था।

काश,
तुम समझ पाते
कि किसी का दिल तोड़ देना
कोई जीत नहीं होती।

जीत तो तब होती है
जब कोई इंसान
तुम पर भरोसा करे,
और तुम
उसके भरोसे को कभी टूटने ना दो।

तुम्हें शायद अंदाज़ा भी नहीं होगा—
कुछ लोग
दिल तोड़ते नहीं,
धीरे-धीरे
इंसान के अंदर से
मोहब्बत पर यक़ीन खत्म कर देते हैं।

तुम्हें आता था
लोगों के दिलों में उतरना,

और फिर
एक दिन
तुम उसी दिल को
ऐसे छोड़ जाते थे
जैसे कभी वहाँ थे ही नहीं।

और दिल तोड़ना?
दिल तोड़ना बहुत आसान है।

बस थोड़ा सा झूठ,
थोड़ी सी बेरुख़ी,
और थोड़ा सा वक़्त काफी होता है।

तुम्हारे लिए शायद
जज़्बात
सिर्फ़ शब्द रहे होंगे,

लेकिन मेरे लिए
हर एहसास
रूह से होकर गुज़रता था।

मैं जब किसी को चाहती थी,
तो उसके लहज़े तक से,
मोहब्बत कर बैठती थी,

और शायद इसलिए
आज भी मुझे लगता है—

मोहब्बत में हारने वाले लोग
असल में हारते नहीं,
वो बस
गलत इंसानों पर
अपना दिल खर्च कर बैठते हैं॥

मैं तन्हा हूँ

ऐसे हज़ारों लोग हैं,
जो मुझसे बेहद प्यार करते हैं।

लेकिन उन हज़ारों की भीड़ में भी,
मैं तन्हा हूँ।

वही ना मिला

ज़िंदगी से मुझे
वो सब मिला, जो मैंने चाहा।

बस वही ना मिला,
जिसे मैंने चाहा।

तुम एक एहसास हो

तुम एक एहसास हो,
जिसे मैं लफ़्ज़ों में बयाँ नहीं कर सकती।
आज जब तुम्हारे बारे में सोचती हूँ,
तो पहले से कहीं ज़्यादा उदास और तन्हा हो जाती हूँ।

वो मेरा ना हो सका

जो मैंने सच्चे दिल से चाहा,
मुझे वो सब मिला,
बस वही ना मिला
जिसे दिल ने चाहा।

दिल क्या,
इक रोज़ वो भी मान जायेगा,
तू मेरा नहीं–
ये जान जायेगा।

तू याद आयेगा जब,
वो रात वो भूल जायेगा,
तुझे याद करके
अपना दिल न दुखायेगा।

किसी रोज़ तुम मिले,
तो वो अफ़सोस करेगा,
जिसे मैंने चाहा
वो मेरा ना हो सका–

ये बात वो
फिर दुहरायेगा।

तुम क्या करोगे

तुम क्या करोगे
मेरी मोहब्बत के किस्से जानकर।

मुझ पर तो ख़ुद
बेवफ़ाई के इल्ज़ाम लगाए जा रहे हैं।।

मेरे हिस्से में अधूरी दास्तां छोड़ गये

मुद्दा ये नहीं
कि वो मेरे दिल की तबाही करके चले गये,

मुद्दा ये है
कि वो मेरे दिल की तबाही करके,
मेरे दर्द से अनजान रह गये।

ख़फ़ा इस बात से नहीं
कि वो मेरी कैफ़ियत जाने बिना ही चले गये,

ख़फ़ा इस बात से है
कि वो मेरी ख़ैरियत पूछे बिना ही चले गये।

मलाल इस बात का नहीं
कि वो खुदा के अफ़साने को
मेरी बेख़ुदी समझ बैठे,

मलाल इस बात का है
कि वो मेरी बेख़ुदी को
खुदा का अफ़साना समझ बैठे।

तन्हा हूँ इसलिए नहीं

कि वो मुझे दुनिया की भीड़ के बीच
यूँ बेसहारा छोड़कर चले गये,

तन्हा हूँ इसलिए
कि वो मुझे दुनिया की भीड़ के बीच
सहारा देना ही भूल गये।

गिला इस बात से नहीं
कि वो मेरे हर इक ज़ख्म को
मेरा मरहम समझ बैठे,

गिला इस बात से है
कि वो मेरे हर इक मरहम को
मेरा ज़ख्म समझ बैठे।

मुद्दा ये नहीं
कि वो मेरे दिल की तबाही करके चले गये,

मुद्दा तो ये है,
कि मेरे हिस्से में अधूरी दास्तां छोड़ गये।

ज़िंदगी से ख़फ़ा है

ज़िंदगी बेवफ़ा है, यही एक सज़ा है,
जीना मुझे आता नहीं, ज़िंदगी से ख़फ़ा है,

वो नहीं जानते

मेरे अपनों ने
मेरा भरोसा तोड़ा है,
शायद वो नहीं जानते
उन्होंने मुझे
किस क़दर तोड़ा है।

चेहरा गवाही देने लगे

इतना मत जलो किसी से,
कि चेहरा गवाही देने लगे।।

ज़िंदगी बेवफ़ा तो नहीं

ज़िंदगी बेवफ़ा तो नहीं,
फिर क्यों,
हर लम्हा बेवफ़ाई करता है।

अब मोहब्बत मुझमें जीती है

तुम्हारे बाद
मैं पहले जैसी नहीं रही।

अब मैं
हर किसी पर
अपना दिल नहीं रखती,
क्योंकि मैंने देखा है –
कुछ लोग
हाथों में फूल लेकर आते हैं,
और राहो में काँटे छोड़ जाते हैं।

लेकिन उस रोज,
गलती मोहब्बत की नहीं थी,
गलती उस दिल की थी
जिसने तुम्हें
खुदा से ज़्यादा सच मान लिया।

अब जब रातों में
तुम्हारी याद आती है,
तो मैं टूटती नहीं।

मैं बस

आसमान को देखती हूँ
और मुस्कुरा देती हूँ।

तुमने मुझे दर्द दिया,
ये सच है।
मगर उसी दर्द ने
मुझे वो इंसान बना दिया
जो अब दूसरों के आँसू
बिना बताए पढ़ लेता है।

पहले मैं
मोहब्बत में जीती थी,
अब मोहब्बत
मुझमें जीती है।

ख़्वाहिश और मोहब्बत

ख़्वाहिश और मोहब्बत में
फ़र्क सिर्फ़ इतना है –

ख़्वाहिशें कभी-कभी
हमें मरने नहीं देतीं,

और मोहब्बत
कभी-कभी हमें
जीने नहीं देती।

वफ़ा क्या है

ज़माने से पूछा वफ़ा क्या है,
किसी ने कहा धोखा वफ़ा है,
किसी ने कहा ख़ुदा वफ़ा है,
मैंने जब तलाशा दिलों में उसे,
तो जाना,
इस बेवफ़ा ज़माने में
वफ़ा कहीं मिलती नहीं है।

कहा था

जहाँ दिल नहीं, वहाँ जाना नहीं,
कहा था — जान से जाओगे,

तू खुद से पूछ

मुझे चाहने वाले हज़ार हैं,
ये बात तू मुझसे बार-बार कहता था।

आज तू खुद से पूछ,
तुझे चाहने वाले हज़ार हैं,

या जिन्हें तू चाहता है,
वो हज़ार हैं।

तुम कहते थे

तेरे दिल तक पहुँचने का इरादा था,
तुझसे मोहब्बत का वादा नहीं था।

तुम कहते थे,
बेवफ़ाई तोड़ देती है।
लो, आज मैंने तुम्हें छोड़ दिया।

तुम कहते थे,
मोहब्बत मज़ा देती है।
लो, आज मैंने तुम्हें सज़ा दिया।

इससे बड़ा सुकून और क्या होगा,
मैंने तुम्हारा सारा गुरूर तबाह कर दिया।
तुम मुझे छोड़ना चाहते थे,
लो, आज मैंने तुम्हें छोड़ दिया।

मुझे तुम्हारी मोहब्बत चाहिए थी,
मैंने तुम्हारा ये भरम तोड़ दिया।
तुम मुझे छोड़ना चाहते थे,
लो, आज मैंने तुम्हें छोड़ दिया।

न जाने तुमने

ऐसे कितने दिलों को तोड़ दिया।
मोहब्बत का वादा करके,
अपना इरादा बदल लिया।

लो, आज मैंने तुम्हें
तुम्हारी तरह सज़ा दिया।
मोहब्बत का वादा करके,
बेवफ़ाई का मज़ा दिया।

वफ़ा

वफ़ा तो इस ज़माने में रही नहीं,

वफ़ा के नाम पर तो
लोग बेवफ़ाई करते हैं।

ख़ुमार

आज तन्हाई का बुखार था,
शायद तेरी यादों का ख़ुमार था।।

चांदनी रात में

चांदनी रात में
नदी के पास में

इक लड़का बैठा था आस में,
कोई लड़की आए, उसे गले लगाए,
वो बैठा था इसी प्यास में।

चांदनी रात में,
उसकी याद में,
वो बैठा था उसी रात में।
करता था बातें
और निहारता था उसकी आँख में,

करता था सवाल,
ढूंढता था जवाब
उसी रात में,
उसी बात में,
उसी आँख में।

हुआ क्या?
ना कोई जवाब मिला,
और सवाल कहीं खो सा गया।

बात क्या करेंगे

तुझसे मिलने को
दिल बेचैन होता है,

मगर मिल के बात क्या करेंगे,
ये सोचकर चैन खो जाता है।

मैं उसकी सबसे अच्छी दोस्त हूं

मुझे समझती है,
इतना,
कि मेरी अधूरी बातों के पीछे,
पूरा किस्सा पढ़ लेती है,

मेरी आँखों में छिपी बेचैनियाँ,
मेरी बातों में उलझे एहसास,
मेरी हँसी के पीछे छिपी उदासियाँ,
मेरी अधूरी सी बातें,
जो मैं किसी से कह नहीं पाती,
वो सब महसूस कर लेती है,

उसकी नाराज़गी में भी,
मैंने अपने लिए फिक्र देखी है,

काश,
मैं उसे कह पाती,
कि वो मेरी सबसे अच्छी दोस्त हैं,
मेरे दिल का वो हिस्सा है,
जहाँ मैं अपने दिल की हर बात कह सकती हूं,

और पता है,

सबसे ज्यादा क्या महसूस होता है मुझे?

कि वो भी कई बार
ये कहना चाहती होगी,
कि मैं उसकी सबसे अच्छी दोस्त हूं,

पर फिर ना जाने क्यों
अपने ही एहसासों से पीछे हट जाती होगी,

हम दोनों ही एक जैसे हैं शायद,
दोनों में एक मासूम सी झिझक है,
ये कहने में,
कि हम एक-दूसरे के बहुत अच्छे दोस्त हैं,

अजीब है ना?
दो लोग,
जो एक-दूसरे के दिल का हर हाल जानते हैं,
वही एक-दूसरे से
सबसे जरूरी बात नहीं कह पाते,

तुम हो

तुम हो, तो क्या ग़म है,
तुम नहीं, तो ग़म क्या कम है।

अजीब-सी बेचैनी

आज ऐसा लग रहा है
जैसे पूरी कायनात
दो हिस्सों में बँट गई हो—

जैसे आसमान ने
पहली बार
धरती के सामने
अपना दिल खोला हो।

आज बादल भी
कुछ ज़्यादा भारी लग रहे हैं।
हर बूंद में
एक अजीब-सी बेचैनी है,
जैसे वो
लाखों अधूरी मोहब्बतों का
बोझ लिए घूम रहे हों।

आज चाँद भी
पूरा होकर अधूरा लग रहा है,
जैसे उसे भी
किसी का इंतज़ार हो।

तारों की ख़ामोशी में
एक अजीब-सा शोर है।
ऐसा लगता है
जैसे हर तारा
किसी ऐसी मोहब्बत की कहानी जानता हो
जो कभी मुकम्मल नहीं हुई।
आज चाँद भी
कुछ उदास-सा है,
जैसे उसने भी
किसी अधूरी मोहब्बत को
रातों में तड़पते देखा है।

ऐसा लग रहा है
जैसे इस पूरी कायनात में
हर चीज़
किसी को ढूँढ रही है,

समंदर किनारों को,
बारिश मिट्टी को,
रात अपने चाँद को,
और इंसान,
अपने सुकून को।

शायद,
आज फिर इश्क़ ने
किसी को शायर बना दिया।

और शायद,

किसी ने पहली बार
अपने आँसुओं को
गिरने से पहले
मुस्कुराकर रोक लिया।

दिल को बहुत तड़पना पड़ेगा

दिल को बहुत तड़पना पड़ेगा,
मोहब्बत का सिला जब बेवफ़ाई से मिलेगा।

जिसे हम इश्क़ समझते रहे, वो बेवफा मिलेगा ,
क्या खबर थी हमे, वो किसी और की बाहों में मिलेगा।

उसे एहसास होगा दिल के तड़पने का,
तबतक उसके इंतजार में दिल थक चुका होगा।

मैं एक मुसाफ़िर थी

जानती हूँ,
मैं एक मुसाफ़िर थी।

लेकिन ये भी तो जानती थी
कि मेरी मंज़िल
सिर्फ़ और सिर्फ़ वही था।

काश,
वो ये समझ पाता,

तो इस मुसाफ़िर को
उसकी मंज़िल मिल गई होती।

मैं हज़ारों शख़्स से मिली

ज़िंदगी में,
मैं हज़ारों शख़्स से मिली।

लेकिन उन हज़ारों शख़्स में से,
न जाने मुझे उस एक शख़्स में
ऐसा क्या नज़र आया,

जो ऐ दिल,
उससे मोहब्बत की उम्मीद कर बैठा।

वजूद

तू मेरा खोया हुआ वजूद
वापस लौटा दे,

मैं तेरी बेवफ़ाई के
सारे सबूत मिटा दूँगी।

तन्हाइयों की वजह

न चाहते हुए भी,
वो मेरे खुदगर्ज़ बनकर रह गए,

मेरी ज़िंदगी के हर एक हिस्से में,
उनकी यादों के कुछ किस्से बनकर रह गए,

मेरी मोहब्बत का एहसास
हर उस शख़्स को होगा,
जिसने ज़िंदगी में कभी
किसी से मोहब्बत की होगी,

काश,
उस शख़्स को भी
मेरी मोहब्बत का एहसास हो,

जो मेरी तन्हाइयों की वजह
बनकर रह गए,

न चाहते हुए भी,
वो मेरे खुदगर्ज़ बनकर रह गए॥

बिखरा हुआ नूर

ये बिखरा हुआ नूर,
एक दिन कोहिनूर बनकर निखरेगा।

बेफ़िक्र सी हँसी

एक समय था,
जब स्कूल में दोस्त अक्सर कहा करते थे,
"एक शेर लिख दो"
और मैं मुस्कुराकर
यूँ ही कुछ अल्फ़ाज़ लिख दिया करती थी

तब शायरी सिर्फ़ अल्फ़ाज़ हुआ करती थी,
दर्द नहीं,

तब कहाँ समझ थी
कि ये अल्फ़ाज़
एक दिन मेरे दिल का हाल बयां करेंगे,

फिर धीरे-धीरे
सब बदलता चला गया,
दोस्त, महफ़िलें, और मैं भी,

और शायद
वो बेफ़िक्र सी हँसी भी,
कही पीछे छूट गयी,
और जिंदगी ने
थोड़ा ख़ामोश होना सिखा दिया

कॉलेज की भीड़ में
जब पहली बार तन्हाई ने
दिल को छूना शुरू किया,
तब पता ही नहीं चला,
कब दर्द अल्फ़ाज़ बन गये,

अब तो कभी-कभी
खुद मुझे भी नहीं पता होता,
कि कब मेरे दिल की बात
कविता बन जाती है,
और कब मेरी हर बात
शायरी बन जाती है,

लोग अक्सर कहते हैं,
"बहुत गहरी बात कह दी"
शायद उन्हें नहीं पता,
जो बातें दिल को सबसे ज़्यादा दर्द देती हैं,
वही बातें
अक्सर सबसे खूबसूरत बनकर बाहर आती हैं॥

जीतने का हौसला

हारने का तो
सवाल ही पैदा नहीं होता,

मैं तो
ज़माना जीतने का हौसला रखती हूं।

मोहब्बत तो बहुत लोग करते हैं

मोहब्बत तो बहुत लोग करते हैं,

लेकिन कभी-कभी
मोहब्बत का एहसास दिलाने के लिए
हमारे पास वो अल्फ़ाज़ ही नहीं होते।

और कभी-कभी,
हम ग़लत शख़्स से
मोहब्बत कर बैठते हैं।

दो पल के सुकून के लिए

ग़लत शख़्स से मोहब्बत करने की
इतनी बड़ी क़ीमत चुकानी पड़ी,

दो पल के सुकून के लिए
पूरी ज़िंदगी दाँव पर लगा दी।

और सुकून के बदले
इक फूटी कौड़ी तक
नसीब नहीं हुई।

तुम

मेरी सुबह की
पहली मुस्कुराहट हो तुम,

और शाम की थकान में,
ताज़गी का एहसास हो तुम।

हज़ारों ख़्वाब

हज़ारों ख़्वाब
दिल में उठते हैं,
जब कोई दिलवाला
मिलता है,

हमने उसे जब देखा,
तो हम भी
ख़्वाब बुनने लगे,

वरना हम भी कहाँ
मोहब्बत पर यक़ीन करते थे,
उसकी आँखों ने
ऐसा छुआ,
कि पहली बार
अपने बिखरे हुए हिस्से भी
खूबसूरत लगने लगे,

उससे पहले तो बस
दिन गुज़रते थे
ज़िंदगी में,
मगर उसकी एक नज़र ने

जीने का मतलब ही
बदल दिया,

अब ऐसा लगता हैं,
उसका ज़िक्र होते ही
दिल महकने लगता है,
और आँखें,
चाँद से भी ज़्यादा
खूबसूरत ख़्वाब
देखने लगती हैं,

दर्द-ए-दिल

दर्द-ए-दिल की दवा चाहती हूँ,

ज़्यादा कुछ नहीं,
बस वफ़ा चाहती हूँ।

एतबार नहीं था तुम्हें

ज़िंदगी ने अपना फ़र्ज़ अदा किया,
हम वफ़ा निभाना भूल गए।
हर बार की तरह
इस बार भी
हम बेवफ़ाई कर गए।

तुम कहते थे
तुम्हें वफ़ा निभानी आती है,
तो निभा लेते वफ़ा,
क्यों बेवफ़ाई कर गए?

एतबार नहीं था तुम्हें,
तो वफ़ा के दावे
क्यों किए?

बे-एतबारी ने तुम्हारी
मुझे
बेवफ़ाई के नाम दिए।

तन्हाई नज़र आती है

इश्क़ ने मुझे क्यों
इतना बेज़ार कर दिया,
हर जगह
सिर्फ़ तन्हाई नज़र आती है॥

इरादा

प्यार का वादा कर लिया है,
या फिर तोड़ने का इरादा कर लिया है।

क्या मिलना ज़रूरी था हमारा?

तुझे जब आख़िरी बार देखा तो लगा,
ज़िंदगी से अब कोई गिला-शिकवा नहीं।

ज़िंदगी ने फिर इक बार
मोहब्बत को
मोहब्बत से मिलाया था।

उस रोज़ के बाद
दोबारा मिलना होगा,
क्या पता,
लेकिन उस मुलाकात के बाद
बिछड़ना होगा,
ये ज़रूरी था।

न मैंने रोका उसे,
न वो ख़ुद रुका।

बस दिल तोड़कर
मुझे तन्हा छोड़कर
चला गया।

बिछड़ते वक़्त
एक ही ख़याल आया–

क्या मिलना ज़रूरी था हमारा?

तक़दीर को मंज़ूर था
क्या बिछड़ना हमारा?

तुम चाहते
तो हम तुम्हारे होते।

तुमने चाहना छोड़ दिया,
हमने मिलना छोड़ दिया।

दिल तोड़ दिया हमने,
गुनहगार थे हम दोनों।

ना उसने सोचा,
ना मैंने सोचा।

ज़िंदगी ने हमें
एक बार फिर मिलाया था।

ये सोचकर
मैंने फिर
तुम्हारा होना चाहा था।

पहले जैसे

मेरे दिल में
तुम आज भी रहते हो,

मगर पहले जैसे रहते थे,
अब वैसे नहीं रहते हो।

दिल तुम्हें मुबारक हो

मेरी जान, दिल तुम्हें मुबारक हो,
मोहब्बत हुई है मुझे, दिल तुम्हें मुबारक हो।

जो ख़्वाब मेरी आँखों में हैं,
अब उन ख़्वाबों का मुकद्दर तुम्हें मुबारक हो।

अगर मेरी मोहब्बत मुकम्मल हो जाए,
तो मेरा बेशर्त प्यार तुम्हें मुबारक हो।

मेरा हर एहसास तुम्हारे लिए

मेरी सारी मोहब्बत तुम्हारे लिए,
तुम्हारी सारी मोहब्बत मेरे लिए,
इससे खूबसूरत क्या ही हो सकता है,
तुम्हारा दिल मेरे लिए,
और मेरा हर एहसास तुम्हारे लिए,

मोहब्बत

मोहब्बत, दिलों को तोड़ देती है।
दोस्तों,
मोहब्बत जीते-जागते इंसान को
मार देती है।

सिर्फ़ तन्हाई

मोहब्बत करना
किसी गुनाह से कम नहीं।

भरी महफ़िल में भी
तन्हा करके छोड़ती है।

घुटन-सी होने लगती है,
अपनों में सुकून ढूँढो,
तो वो भी नहीं मिलता।

हर जगह
सिर्फ़ और सिर्फ़ तन्हाई
नज़र आती है।

वो कभी सोच ही नहीं पाया

ज़िंदगी में यूँ ही हर चीज़,
हर किसी को नहीं मिलती।

मेरे हौसले इतने बुलंद थे,
कि इस कदर
वो कभी सोच ही नहीं पाया।

मेरी उड़ान इतनी ऊँची थी,
कि शायद उसे एहसास करने की
वो कभी सोच ही नहीं पाया।

मेरी ज़िंदगी में
बहुत उतार-चढ़ाव आए।

और मैंने इसी ज़िंदगी में
हर मुश्किल को
आसान करके देखा था।

शायद वो मेरी ज़िंदगी में,
दर्द और ग़म के सिवाय
कुछ दे ही नहीं पाया।

चुनौतियाँ

तुम जानते हो शायद,
इसलिए हर बार की तरह,

हर बार
चुनौतियाँ देकर चले जाते हो।

वो कॉलेज की बात है

वो कॉलेज की बात है,
यादों की बारात थी।
जो किस्से-कहानियों में गुम है,
वो पहली मुलाकात थी।

नज़र झुकी,
पलकें उठीं,
और मोहब्बत हो गयी।

उस रोज़ के बाद
ना दोबारा मोहब्बत हुई,
ना किसी के लिए
नज़रें झुकीं,
ना पलकें उठीं।
बस ज़िंदगी भर के लिए
तन्हा हो गई।

चंद मुलाकातों में
वो मुझे अच्छा लगने लगा था।

क्या पता था मुझे,
ये मुलाकातें ही
चंद दिनों के लिए थीं।

बेख़बर

मेरी मोहब्बत की ख़बर
सारे कॉलेज में थी,
बस वही बेख़बर रह गए।

उसने मेरी तरफ गौर से देखा

उसने मेरी तरफ़ गौर से देखा,
मैंने देखा, और ज़ोर से हँस दिया।

वो मेरी ख़ामोशी को प्यार समझता,
मैंने उसे इस एहसास से आज़ाद कर दिया।।

हक़ीक़त

भ्रम आपसे
वो करा लेता है,

जो हक़ीक़त में
कोई नहीं करा सकता।

क्या ऐसा भी होता है मोहब्बत में?

पहली नज़र देखा तो
ख़ुद पर यक़ीन नहीं आया।
दिल को कोई भा गया है,
या दिल किसी पर आ गया है।

मुझे कुछ समझ ना आया,
मोहब्बत का नशा
सर चढ़कर बोला।

जब किसी दिलवाले को
मोहब्बत हो जाती है,
तब वो ऐसे ही सोचता,
बेचैन होता है।

तन्हा रातों में,
बातों ही बातों में,
ख़ुद से ये सवाल करती—

दिल को उसकी
कोई बात पसंद आ गयी है,
या मोहब्बत हो गयी है।

कुछ समझ ना आता,
बेचैन होते
जागती रातों में
घड़ियाँ गिनते
गुज़ार देते रातें सारी।

और ख़ुद से
ये सवाल करते—

क्या ऐसा भी होता है मोहब्बत में?

दिन का चैन,
रातों की नींद,
सब चली जाती है
मोहब्बत में।

जौन एलिया

आप समझ सकते हैं उसकी दीवानगी को,
जो ख़ुद जौन एलिया साहब की दीवानी हो।

वो हर रोज़ कहता है

मेरी मुस्कुराहट पर वो फ़िदा है,
ये बात वो हर रोज़ कहता है,
कि वो मेरी इस अदा पर फ़िदा है।।

किसी पर प्यार ही नहीं आया

किसी पर प्यार ही नहीं आया,
फिर मोहब्बत का ख़याल ही नहीं आया।
दिल लगाया था एक शख़्स से,
वो दिल तोड़ने से
बाज़ ही नहीं आया।

मेरी ख़ता बस इतनी सी थी

न जाने उस शख़्स में ऐसा क्या था,
कि उसने पूरी दुनिया के बीच
मुझे तन्हा कर दिया,

इतनी ताक़त तो
कायनात के किसी शख़्स में न थी,
जितनी ताक़त
उस एक शख़्स में थी,

अजीब बात है ना,
भीड़ आज भी वही है,
लोग भी वही हैं,
ये शहर, ये रास्ते, ये दुनिया सब वैसी ही है,
फिर भी
उसके बिना सब वीरान लगता है,

क्यों?
आख़िर क्यों उसने
दुनिया की भीड़ के बीच
मुझे इस कदर अकेला कर दिया,

मेरी ख़ता बस इतनी सी थी
कि मैंने उससे मोहब्बत की,

और इस ख़ता की सज़ा इतनी बड़ी मिली,
कि उसने
दुनिया की भीड़ के बीच
मुझे तन्हा कर दिया॥

साहित्य

साहित्य
खुद को, खुद से जोड़ता है,

और सत्य
खुद को, औरों से अलग कर देता है।

इतनी खुशी थोड़ी होती है

एक व्यक्ति ने पूछा,
"कि आपको अपनी सफलता पर खुशी नहीं होती?"

मैंने कहा, "खुशी होती है,
लेकिन इतनी खुशी थोड़ी होती है,
कि आसमाँ को अपना कहूँ
और ज़मीं को नकार दूँ"

तुम क्यों आते

दिल तड़पता है तुम्हारी यादों में।
तुम क्यों आते हो हर रोज़ मेरे ख़यालों में।

मैंने देखा है

मैंने देखा है,
ख्वाबों को मरते,
उम्मीदो को हारते,
भरोसे को टूटते,
इसलिए मैंने फैसला किया है,
मैं इन तीनों को जिंदा रखूंगी,
और अपने हर ख्वाब को पूरा करूंगी,

ख्वाब, उम्मीद और भरोसा

वो लड़ता है उन आवाज़ों से, जो हर रोज़ उसके कानों में फुसफुसाती हैं–

"ज़िन्दगी इतनी आसान नहीं होती..."
"इतना बड़ा मत सोचो..."
"सपनों से पेट नहीं भरता..."

और धीरे-धीरे, ये शब्द उसके पैरों में बेड़ियाँ बनकर लिपट जाते हैं।

उसके ख्वाब मरते नहीं, बस कैद हो जाते हैं।
वो हर रात चुपके से अपने सपनों को जीता है,
और हर सुबह उन्हें फिर अलमारी में बंद कर देता है।

क्योंकि उसे सिखाया गया होता है
कि उड़ने से पहले ज़मीन देखनी चाहिए।
मगर कोई उसे ये नहीं बताता, कि कुछ लोग ज़मीन देखते-देखते पूरी ज़िंदगी गुज़ार देते हैं,
और आसमान कभी देख ही नहीं पाते।

सब कहते हैं,
"सफलता मेहनत से मिलती है।"

लेकिन सच यह है—
मेहनत तो हर कोई करता है।
खेत में मजदूर भी करता है, रिक्शा वाला भी करता है,
कारखाने में काम करने वाला भी करता है।
फर्क सिर्फ मेहनत का नहीं होता।
फर्क उन दीवारों का होता है, जिन्हें पार करना पड़ता है।
गरीब बच्चा पैसों की दीवार तोड़ता है।
लेकिन मिडिल क्लास बच्चा...

उसे साबित करना पड़ता है
कि ख्वाब देखना गुनाह नहीं है।
उसे लड़ना पड़ता है उन लोगों से भी,
जो कहने को तो उससे प्यार तो करते हैं,
लेकिन उस पर भरोसा नहीं करते।

लोग कहते हैं, गरीब वो होते हैं,
जिनके घरों में चूल्हे नहीं जलते,

मगर मैंने देखा है, कुछ घर ऐसे भी होते हैं,
जहाँ रोटियाँ तो बनती हैं, पर सपने भूखे सो जाते हैं।

वहाँ पेट भर जाता है, लेकिन दिल खाली रह जाते हैं,
वहाँ कपड़े नए मिल जाते हैं, पर हौसले पुराने और फटे हुए होते हैं।

वहाँ हर सुबह एक नया ताना जन्म लेता है,
और हर रात किसी ख्वाब की चिता जलती है।

फिर वह बच्चा फैसला करता है
कि वह डर की विरासत आगे नहीं बढ़ाएगा।
वह अपने सपनों पर दुनिया का नहीं,
अपने दिल का भरोसा करेगा।
वह गिरेगा, हज़ार बार गिरेगा,
रोएगा, टूटेगा, बिखरेगा भी,
मगर इस बार वह अपने ख्वाबों का गला नहीं घोंटेगा।

फिर...
जब वही बच्चा एक दिन अपने सपनों तक पहुँच जाता है,
तो लोग कहते हैं–
"देखो, उसकी मेहनत रंग लाई।"
लेकिन कोई नहीं देखता कि उसने सिर्फ मेहनत नहीं की थी,
उसने अपने चारों तरफ़ खड़ी सदियों पुरानी दीवारें गिराई थीं।
उसने डर की विरासत ठुकराई थी।

और सच कहूँ,
सबसे गरीब वो नहीं, जिसके पास रोटी नहीं होती,
सबसे गरीब वो है, जिसके पास भरोसा नहीं होता।
जिसके सपनों पर हर रोज़ शक की धूल जमाई जाती है,
जिसकी उड़ान से पहले ही उसके पर काट दिए जाते हैं।

और सबसे अमीर?
सबसे अमीर वो बच्चा है, जिसकी जेब भले खाली हो,
मगर जब वो गिरता है, तो उसके माँ-बाप कहते हैं–
"फिर कोशिश करो, हमें तुम पर भरोसा है।"

क्योंकि दुनिया में रोटी से भी कीमती एक चीज़ होती है–
किसी अपने का भरोसा।

और जिस बच्चे के पास ख्वाब, उम्मीद और भरोसा करने
वाले माँ-बाप हों,
वो कभी गरीब नहीं होता,

कभी भी नहीं।

ख्वाबों को मार देते है

मुझे नफरत है उन लोगों से,
जो अपने ख्वाबों को मार देते है ,
दूसरों के जज्बातों को जिंदा रखने के लिए,

तेरी दास्ताँ

तेरी दास्ताँ
मुझसे शुरू होती है,

तेरा ज़िक्र
मेरे अल्फ़ाज़ों से खत्म होता है।

www.ingramcontent.com/pod-product-compliance
Lightning Source LLC
LaVergne TN
LVHW051043210926
848486LV00001B/5
9798905400902